東京プリンセス

装幀　名久井直子
写真　斎藤　亢
「オリーブ」１９８４年8月18日号より
提供：マガジンハウス

オリーブ少女ライフ

まえがき

2001年8月号から、2002年12月号まで。一度は休刊となり、復刊された雑誌「オリーブ」で、私は「東京プリンセス」というタイトルのショート・ストーリーを連載していた。二年足らずの短い連載だった。

でも「東京プリンセス」には、大変に熱心なファンがいた。自分たちと同世代である茜と葉月という二人の女の子の友情に思い入れを抱き、彼女たちが散歩した東京の街を実際に歩き、同じ風景を見たいと思ってくれた若い読者たちだ。連載終了からずいぶん時間が経ち、「オリーブ」という雑誌がなくなってからも、私は当時の読者に「東京プリンセス」は書籍化されないのですか？　と聞かれる。トーク・ショーやサイン会に、当時の雑誌や、きれいに切り取ってファイルした「東京プリンセス」のページを持ってきてくれる人たちもいた。私はその度に、ちょっと胸が痛んだ。「東京プリンセス」の連載はあまりにも短くて、一冊の本にするには量が足りなかったのだ。

でも今回、「東京プリンセス」書籍化の企画について編集者と話している時にひらめいた。

「私が「オリーブ」を読んでいた頃の話を書いて、一緒に収録するのはどうでしょう」

その少し前、私はパティ・スミスの回顧録の『ジャスト・キッズ』を読んでいた。ニューヨークの対岸にあるニュージャージー州の文学少女が都会に憧れ、故郷から逃げるようにしてそこに辿り着き、アーティストとして花開いていくまで。それは、ここに描かれている少女が将来、有名なミュージシャンになるという事実を差し引いても充分に魅力的な物語で、私はこの若い女の子の気持ちが痛いほど分かると思った。

パティ・スミスで私が何よりも好きなのは、アンディ・ウォーホルのミューズだったイーディ・セジウィックについての本『イーディ』に載っているエピソードだ。パティはティーンだった時に「ヴォーグ」に載っているイーディ・セジウィックを見て衝撃を受けたという。

「(その頃)「ヴォーグ」って雑誌は、わたしの全意識だったのよ」

『ジャスト・キッズ』はファッション雑誌を貪るように読んで、そこに何かを見いだそうとしたティーンの女の子が大人になっていく物語だ。似たような経験を、私もした。同じような「東京プリンセス」の読者もいると思う。それは誰もが持っている普遍的なストーリーのはずなのに、私が経験したような、八〇年代の東京を舞台にしたバージョンは誰も書いていないことに気がついた。

これは「オリーブ」の話ではなく、それを読んでいた一人の女の子の話だ。でも、読者は雑誌を映す鏡だから、やっぱり「オリーブ」の話なのかもしれない。

オリーブ少女ライフ

No. 1

「制服のない学校だから、おしゃれ」（1984/4/3号）

この雑誌の物語の主人公になりたい。

13歳の時、初めて「オリーブ」を読んで、そんな風に思った。

ここに載っている服が着たい、欲しいというよりもずっと強い気持ちで。雑誌の中で、「オリーブ少女」と呼ばれているような女の子になりたかった。

八年生（中等部二年）の新学期が始まったばかりの頃だった。

放課後の教室で、誰かが忘れていったファッション雑誌を見つけた。表紙の左上に、可愛らしいピンクの字体でOliveという雑誌名が見えた。二人の外国人モデルが学校の廊下らしき場所に佇《たたず》んでいる。

バイオリン・ケースを抱えた赤いカーディガンの黒髪の少女と、胸にエンブレムがあるグレイのジャケットをロングプリーツスカートに合わせたブルネットの少女だ。

「制服のない学校だから、おしゃれ」

「オリーブ」の1984年4月3日号だった。

その表紙の特集名と写真にピンときて、手招きされているような気持ちになった。だって私は、制服のない私立の学校に通っていたのだから。

こっそりページを開いてみると、学校に通うのにふさわしい定番アイテムでお洒落をしている外国人の少女モデルたちの写真があった。

ショートカットのモデルが、エンブレムつきのジャケットにダンガリーのシャツを合わせ、ネクタイを締めて不良少年っぽく着崩している。古着のデニムのオーバーオールにピンクのギンガムチェックのシャツを合わせ、グリーンのネクタイと肩に巻いたブルーのセーターでアクセントをつけたスタイリングや、首にバンダナを巻く、一番上のボタンまで留めてネクタイをする、といった小粋なポロシャツの着こなしアイデア。

何て可愛くて、センスがいいんだろう。

それまでファッション雑誌なんて読んだこともなかったのに、私はこの雑誌に特別なものを感じていた。

帰国子女だった私はメキシコから帰った後、小学校の途中から、東京都三鷹市にある私立明星学園に通っていた。

小学生から高校生まで、吉祥寺の駅から井の頭公園を抜けて学校に向かう生徒たちはみんな、思い思いの格好をしていた。「リベラルであること」が創立の理念にある学校だから、当然のように制服もなかった。

　同級生のおしゃまな女の子たちは、小学校高学年になるとファッションやショッピングに興味を示し、中等部に上がると一部の生徒は流行のデザイナーズ&キャラクターズブランド（DCブランド）の洋服を学校に着てくるようになっていた。

　私自身はそういうことにまったく疎《うと》いタイプで、洋服に関しては他の子たちよりずっと遅れていた。みんながお洒落に目覚めるような学年になっても、図書室で児童文学賞のコルデコット・メダルの大きなシールがカバーに貼ってあるようなファンタジーの本に頭を突っ込んで、夢中で読んでいるようなタイプだった。現実世界の通学ファッション問題は、本に出てくる素敵な洋服を想像することと違って、面倒なことがいっぱい待っている思春期の憂鬱な事柄のひとつに思えた。

　明星学園では小・中・高で学年を分けない。中等部の一年生は七年生、二年生は八年生と呼ばれていた。高等部の三年生は十二年生である。私は気分の上でも、服装においても、まだ、小学校の八年生だった。

　私がボンヤリしている間に、周囲のセンスのいい同級生たちは「オリーブ」を買い始めていた。

「ポパイ」の増刊号を経て「オリーブ」が新雑誌として創刊されたのは、私が手にするその二年前、1982年のことだった。

ポパイのガールフレンド雑誌という位置づけで、堀内誠一がデザインした雑誌ロゴに添えられた「オリーブ」のキャッチフレーズも、「ポパイ」の Magazine for City Boys に合わせて、Magazine for City Girls になっていた。

創刊号の1982年6月3日号の冒頭は、こまかい情報をコラム形式で紹介する「Flash Up Front」というコーナーだ。「ポパイ」のコラム集 POP EYE のフォーマットをそのまま女性誌に落とし込んだこのコーナーは、その後も「Flash Up」と名称を変えて続いていく。私が読んでいた時の「オリーブ」の「Flash Up」は、ブティックやカフェのニューオープン情報、小技的なお洒落アイデアの紹介や新しい雑貨のピックアップが主だったが、この創刊号のコラムはちょっと違う。

「カートとスケートボードの工業的結婚がコレ」というキャプションがついている「ちょっと見るとスケートボードだけど、エンジン付きの新しい乗り物」の紹介や、コード配線が面倒な人におすすめのセットアップ済みのコンポオーディオの情報等、本当に女の子向けかどうか疑問なトピックスが続く。メインの特集名は「男が知っていて女の子が知らないトリートメント、それがグルーミング」だ。

「男たちの間で、グルーミングという言葉はそれほど珍しくはない。けど、ことオンナの世界ではあまり使われていないのだ。そのせいか、グルーミングと聞いてもピンとくる人は少ないはず。そう、つまりは浸透してないワケね」

初期の「オリーブ」の語り手は、ガールフレンドに蘊蓄《うんちく》を傾ける「マイ・フェア・レディ」のヒギンズ教授のような男の子たちのようだ。

「オリーブ」が大きく変わったのは、編集長が「ポパイ」を立ち上げた木滑良久から、蝦名芳弘に交代した１９８３年9月3日号からだ。

その号の特集は「秋いちばん、ロマンチック少女と呼ばれたい」。

「お化粧を初めてする時にワクワクするのは、ピンク色のコンパクトや、ふわふわの大きなパフや、キラキラ光るパッケージの口紅、そういう道具を揃えること」というグラビアに添えられた文章の文体からして、前とはまったく違う。表紙のキャッチフレーズもMagazine for Romantic Girlsに変わっていた。

「オリーブ」はこれ以降、パリの女子学生＝リセエンヌを標榜《ひょうぼう》し、少女のためのファッション雑誌として独自の路線を推し進めていく。

それに従うように、「ポパイ」の方でも読者のガールフレンドを「オリーブ」と呼ばなくなっていった。彼らの「ガールフレンド」だったはずの女の子は、「私、本当はパリが好き！ロマンチックなことが好き！」と言って、独立してしまったようだ。最初の路線を突き進んでいたら、13歳の私が「オリーブ」を手に取ることはなかったかもしれない。「オリーブ」を初めて読んだ時、私はまだ誰の「ガールフレンド」でもなかったから。ボーイフレンドから何か教わるなんてコンセプトは、ちっとも心に響かなかっただろう。

男の子からのアドバイスの代わりに、「オリーブ」には物語があった。センスのいいファッショングラビアに添えられていたのは、ただの洋服の解説ではなく、その服を着た外国人モデルの少女を主人公にしたストーリーだったのだ。

放課後、お気に入りのコートに身を包んで、友達に好きな男の子について打ち明ける女の子。花模様の刺繍入りのサマー・セーターとギンガムチェックのスカートをデートのために選んで待ち合わせ場所に急ぐ女の子。読んでいて、私もこんな素敵な服を着て、「オリーブ」に出てくる物語の主人公になりたいと思った。

そのためにはどうしたらいいのだろう?

小学生の時の延長線上で着ている「いい子」の服や、ママからのお下がりの妙に大人っぽいアイテム、無難で地味な色の男の子っぽい服が並ぶ自分のワードローブが、初めて恥ずかしくなった。

だけど「オリーブ」のファッションページに載っているDCブランドの服は高価で、とても手が出ない。

3日と18日、「オリーブ」の発売日になると私は朝一番で自宅の最寄り駅、国立の中央線ホームのキオスクで「オリーブ」を買って、それをただ絵本のように眺めてため息をついていた。学校ではお洒落な女の子はみんな「オリーブ」を読んでいたけど、その子たちと一緒に雑誌を教室の机の上に開いて、ファッションページについて語る資格なんかないと思っていた。

いろんなことに手が届かないような気がしていたけれど、最初に読んだ「オリーブ」の特集ページにはこんなことが書いてあった。

「何かに憧れて、夢をふくらませるってこと、おしゃれを考える時には、とても大切なことだと思いませんか？」

その冬、吉祥寺のアーケードに入っているビルのブティックで、私は生まれて初めて本当に心ときめく服を手に入れた。

ところどころに王冠やヨーロッパの紋章をモチーフにしたブルーの縁取りワッペンがついている、黒いウールのセーターだ。特に熊が刺繍してある盾の形のワッペンが可愛かった。初めて読んだ「オリーブ」に載っていたVIVA YOUのセーターにちょっと似ていた。

ワゴンセールでそのセーターを引き当てた時のドキドキした感覚を今も覚えている。これなら高価なDCブランドの服にもひけを取らない。……ひょっとしてブランドの服だって、みんなに間違われるかもしれない。

翌日、デニムのフレアスカートとギンガムチェックの裏地のマント風のジャケットに合わせてそのセーターを学校に着ていくと、別のクラスの女の子が声をかけてくれた。

「そのセーター、すごく可愛い！」

私は嬉しくて、パニックになりかけた。

着ている服を褒められるなんて経験はなかったし、相手の女の子、訓子ちゃんはいつも学校にすごく可愛い服を着てくる女の子だったのだ。訓子ちゃんは眼鏡をかけていて、決して派手なタイプではなかったけれど、瞬きをすると眼鏡のレンズにひっかかるほどの長いまつげと大きな瞳の持ち主で、私は密かに、一番人気があるグループの女の子たちの誰よりもきれいだと思っていた。彼女にセーターを認めてもらって、誇らしいのと同時に気恥ずかしくもあった。次の質問をされるまでは、有頂天だった。

「その服、どこで買ったの？」

買った場所を聞かれたら、このセーターがブランド物でないことも白状しなくてはならない。気分は急転下した。私はもごもごとお店の名前を訓子ちゃんに告げた。バカみたいだけど、このセーターにまつわる魔法はそれだけで消えてしまいそうだった。

だけど、次にそのセーターを着て登校した朝、訓子ちゃんは別の友達の手を取って、廊下の反対側から私に向かって走ってきた。そして有無を言わさず私のジャンパーのボタンを外して、「ほら！　このセーターよ！　素敵でしょ、ブランド物じゃないの」と友達に向かって告げた。

しばらく黙ってセーターを見ていた後、連れられてきた女の子は私に言った。

「あなた、センスがいいのね」

それが私のお洒落の始まりだった。

1984年から89年。中等部から高等部卒業にかけて、「オリーブ」の読者だった五年間の日々を、私は学校に着ていった数々の服と共に思い出すことが出来る。

お小遣いやお年玉を貯めて、バーゲンを待って自分で買った服。ママにねだって、どうにか買ってもらったDCブランドの服。手持ちのあらゆるセーターに合わせた千鳥格子のウールのプリーツミニスカート。渋谷のファイヤーストリートにあったL'ESTのブティックのサンプルセールで買った、メタルボタンがついた赤いチロル風の襟つきジャケットと白いニットのボレロ。アニエスb.のものによく似たブルーのスナップカーディガン。名前を忘れてしまったイタリアンブランドのコーデュロイのノーカラージャケット。花モチーフのカットレースをつなぎ合わせたノースリーブ、ノーカラーの白いブラウスは、ママのワードローブから拝借したまま自分のものにしてしまったアイテムで、百貨店ブランドの「東京ブラウス」のものだった。透明なプラスチックの後ろボタンとシェイプが六〇年代風で、よくピンクの細身のカラーデニムを合わせて着ていた。

リーガルのローファーをすぐにダメにしてしまった後、通学の靴といえばもっぱらFinの黒いフラットシューズだった。あまり高価ではなかったので、卒業までに同じものを二〜三足買い替えた記憶がある。

何種類か持っていたSACのナイロン・バッグ。手持ちの中で大きめのショルダーにいろんなものを投げ込んで通学鞄にしていた。

何よりも大事な思い出の服は、「オリーブ」を読み始めた八年生の時に、ママに買ってもらった真っ赤なダッフルコートだ。大好きで冬になるたびに着ていた。赤い服はそれ以降、私のお洒落のトレードマークになった。


自分のスタイルが出来上がりつつあった、十年生の時のことだ。

休み時間、胸の真ん中に小さな錨マークがついたDO! FAMILYの黒いプルオーバーにグレイのスウェット地のミニスカートという格好で、教室の机に寄りかかって友達とおしゃべりしていたら、「山崎さんのあのファッション、いいなあ」という声がした。

教室の扉のところで、小学生の時から同じ学校にいるエミリちゃんが私を見ていた。お金持ちでお洒落で、時々クラスメイトにはなったことがあるけれど、仲が良かったことはない。ずっと私には意地悪だった女の子だ。

袖と裾のストライプのゴムがアクセントになっているそのプルオーバーは、私のお気に入りのアイテムだった。褒められても、八年生の時のようにこそばゆいとも何とも思わなかった。その頃は私はもうお洒落な女の子だとみんなから思われていたし、あの時は勝ち組の女の子も、私も、同じ雑誌を読んで似たようなセンスを身につけていた。

それが「オリーブ」だった。

でも心の底では、私はまだ図書室のストーブの前で児童書を読みふけっている以前の私のままで、何かあったら、本当は周囲の空気も読めず、センスもないダサい女の子だってみんなにバレるんじゃないかと思っていつもドキドキしていた。きっと、今も、そうだ。

この間、三十年ぶりに「制服のない学校だから、おしゃれ」の特集のページをめくって衝撃を受けた。紆余曲折を経て、私が自分で辿り着いたと思っていた「プレッピーを基本に、でもコンサバになりすぎずに」というスタイルの基本の全てがそこにあったからだ。

No.2

「この秋、大好きブランドからなに選ぶ?」(1984/9/18号)

「この秋、大好きブランドからなに選ぶ?」

八年生の夏休みの終わり、国立駅前の「東西書店」で買った「オリーブ」の表紙には、黄色い文字で特集名が書いてあった。表紙の写真では、たっぷりとしたフレアスカートにオーバーサイズのカーディガンというスタイルの三人のモデルが、フェンスに腰かけて物憂げにこちらを見ている。

ここでの「ブランド」とは、国産のDCブランドのことだ。ひとりのデザイナーが服を手がけているのがデザイナーズブランド、複数人のチームで服をデザインしているのがキャラクターズブランドというのだと、後で知った。

私が「オリーブ」を読み始めた時は、DCブランドが花盛りだった。丸井やパルコといったファッションデパートには、そのブランドの服で頭から爪先まで固めた「ハウスマヌカン」と呼ばれる店員が各DCブランドのブースに君臨していた。中学生にはとても恐くて近寄れない空間だったが、「オリーブ」を読み始めて数カ月が経ち、私も徐々に暗号のような

ＤＣブランドの名前を理解するようにはなっていた。

その号の特集以外のグラビアは、各ＤＣブランドの秋物新作の宣伝ページでもあった。全てそのブランドの服で固めたスタイリングであるものの、その服を着たモデルを主人公にした「物語」をキャプション代わりにつけた「オリーブ」のグラビアは、それが一瞬広告であることを忘れさせた。でも気がつくと、各ブランドの特色とそのシーズンの新作が頭の中に刷り込まれているというしかけだ。

ページをめくると、トラッド趣味を少女っぽくアレンジした上品なテイストが持ち味のDGRACEのレジメンタルストライプのジャケットが紹介されている。特に人気が高いブランドのひとつだったScoopのページでモデルが着ているのは、白いボンボンがアクセントの、凝った編み込み柄のフェアアイルセーターだ。NICOLEの妹ブランドであるNICOLE CLUBのスタイリングは、白いコートに白いビッグシャツ、ルーズに結んだネクタイといういかにも八〇年代風なもの。COMME CA DU MODEの姉妹ブランドで、きちんとしたお嬢さん風の服を出しているPAYTON PLACEのページには、グレンチェックのジャンパースカートをはいたモデルが佇んでいた。

ページで見て素敵だと思ったアイテムは、グラビアの脇に小さく載っているクレジットで確認し、印をつけた。そして値段を見て、失望した。買えるわけがない値段だったのだ。

あの頃、「オリーブ」を見てＤＣブランドの服に憧れていた女の子たちは、みんなどうしていたのだろう？　「オリーブ」を読むと、中学生や高校生たちがブランドの服を買うことが当たり前のように見えた。オリーブ少女たちがどんな工夫をして服を手に入れているか取材したページを読むと、みんな「ママの手作りの服」を着たり、古着を活用したりしながらも、しっかりとDCブランドの服も買っているようだ。アンケートに答えている少女のひとりは月に一万円の洋服代をもらっていて、それ以外はお小遣いを貯めて、やりくりして服を買っていると語っていた。

お小遣い以外に、月に一万円の洋服代！

頭がクラクラしそうだった。試しに、両親にお小遣い以外に洋服代をもらっていいかと聞いたところ、くだらない流行に振り回されていると怒られ二時間くらいお説教された。

DCブランドの服は、おとぎ話の中にだけ出てくるお姫様のドレスのようなもの。そんな風に思っていたので、八年生の冬休み直前、学校の廊下で学年で一番華やかなグループに遭遇した私は心底ショックを受けた。グループの中の美少女ロミちゃんが、「オリーブ」に載っていたScoopのセーターを着ていたのだ。黒いクルーネックのセーターで、スイス、アメリカ、フランスの国旗が編み込んであり、ブルーと白と赤がアクセントの色になっている。

それは「オリーブ」1984年12月3日号、東京ディズニーランドで撮影された「遊園地でロマンチック！」特集の写真でモデルが着ていたセーターだった。一万九八〇〇円という値段だって覚えている。

当時の「オリーブ」でも特に人気のあったスタイリストの近田まり子が、そのページのコーディネートを担当していた。モデルはそのセーターに鮮やかなブルーのロングフレアスカートとチェックのストールを合わせていたが、ロミちゃんはすっきりとジーンズの上に着ていて、ファッショングラビアよりも洗練されて見えた。

あんな風にさりげなく、「オリーブ」に載っている服を着るなんて。すごく感心して、羨《せん》望《ぼう》すら感じた。

しかもロミちゃんは翌年、流行に合わないと思ったのか、そのセーターを全然着てこなかったのである。高価な服をワンシーズンしか着ない、それがお洒落な女の子のすることなのだと私は更に感服した。


私が初めてDCブランドの服をママに買ってもらったのは、九年生の初夏のことだ。吉祥寺の丸井の一階に入っているScoopのブースでレンガ色のフレアスカートを買ってもらい、更に吉祥寺の駅ビルに隣接しているDO! FAMILYのブティックで黒のリブ編みのタンクトップを買ってもらった。

14歳の私がその二枚の服をどんなに愛していたか、言葉では語り尽くせない。

黒のタンクトップとフレアスカートはとてもシェイプがきれいで、合わせて着るとそれだけで自分が都会派の女の子になった気分がした。

これで私も「オリーブ少女」だ！

その組み合わせは、服と同じくらい大事にしていたコンバースの白いハイカットのバスケットシューズにも、よく似合っていた。ロマンティックな服にコンバースを合わせるのが流行っていた時だった。すぐに私は黒ではなく、白のシューズを選んだことを後悔するようになる。白いバスケットシューズは汚れやすかった。汚れて白い色がくすむとその魅力が半減する。私は週末の天気がいいとかならずマンションのベランダで、洗剤につけたブラシでせっせとお気に入りのコンバースを洗っていた。


DCブランドの服を買って、嬉しいことのひとつにブランドの袋に服を入れてもらえることがあった。口を紐できゅっと閉じるようになっている、ロゴ入りのビニール袋だ。時には可愛いプリントが入っていることもあった。この袋に体操着等を入れて、通学カバンのセカンドバッグとして使うことが学校で流行っていた。

ブランドのビニール袋はしわが寄りやすくて、何回か使うとすぐにごわごわになってしまう。しょっちゅう買い物に行ける子だけが、いつもパリッとしたビニール袋を学校に持ってきていた。私はようやく手に入れたScoopの袋のしわをいつも手で伸ばして、長い間、大事に使っていた。

ＤＣブランドの服を自慢する手っ取り早い方法が、もうひとつある。

そのブランドのロゴ入りのアイテムを買うことだ。特にブランド名が胸に入ったトレーナーとＴシャツは人気があって、どのブランドも出していた。セーターやジャンパーよりも、もう少し手頃な値段なので、中学生でも手が届く。ＤＣブランドが好きな女の子たちは、ロゴ入りのトレーナーの下にシャツブラウスを着て、フレアスカートやジーンズに合わせて学校に来た。

私も欲しかったが、大きくブランドのロゴが入っている服は、絶対にママが買ってくれないもののひとつだった。

「そのブランドのものだって宣伝するための服なんて、一番恥ずかしいわ」

スポンサーである親にそう言われては、ぐうの音も出なかった。

ＤＣブランドのロゴ入りの服で、何と言っても一番人気があったのは、PERSON'S のスタジアムジャンパーだ。

PERSON'S は、色鮮やかでスポーティーなブランドだ。一時期は、「オリーブ」の裏表紙といえばイラストレーターの飯田淳によるPERSON'S の広告だった。当然「オリーブ」でもお馴染みのブランドである。胸や背中に大きくPERSON'S とロゴが入っているトレーナーやジャンパーは、ＤＣブランドが好きな子ならば一枚は持っているアイテムだった。学年の目立つグループの何人かはあのジャンパーを着ているというイメージがあった。

１９８４年の冬、教室の窓からグラウンドを見下ろすと、PERSON'Sという文字を背にした上級生があちこちに見えた。高等部の中庭でも同じだ。

私はかっこつけたくて、英語の辞書をひいて隣の席の友達に言っていた。

「PERSONって、人っていう意味なんだよ。他の人とは違う、一個人って意味なのに、PERSON'Sの服を着ている人たちって、みんな同じロゴが入った服を着ていて、ちょっとおかしいよね。個性なんてないじゃない」

すると、私の前の席で会話を聞いていたエミリちゃんが、急に振り向いて、くちびるの端を上げて犬歯を見せた。彼女が得意の、最高に意地悪な笑顔だ。

「そんなことを言って、山崎さんはお金がないから、PERSON'Sの服を着られなくて悔しいんでしょ！」

私は顔が真っ赤になった。

本当はそんなことはなかったのに、彼女に言われると図星のような気がした。上手に言い返そうと思ったのに、出来なかった。目の端が熱くなってきたけれど、泣いてはいけないと思って堪《こら》えた。

中学生なのだから、お金なんかなくて当たり前なのに、あの時の私はそれを認めるのが恥ずかしかったのだ。私立の学校だからといって、誰もが流行のブランドの服を着て通学していた訳ではなかったし、たっぷりお小遣いをもらっている子も稀《まれ》だった。大抵の子は少ないお小遣いでやりくりしていた。それが中学生としては普通のことだ。

だけど私は「お金がない」と口に出して言うのは、すごく恥ずかしいことだと思って中学と高校時代を過ごした。しょっちゅう買い物に行って、新しいブランド物の服を着てくるごく一部の女の子が、学校を支配しているように錯覚していた。

「お金がないからブランドの服が買えない」なんて知られてしまったら、それだけでダサい子だって思われて、一巻の終わりのような気がしていた。

「お金がない」って言うのが恥ずかしいと思っていた自分が、今ではとても恥ずかしい。でも、そんな勘違いするのが十代だ。

「ブランド物が買えないとダサい」なんていう感覚は、今のティーンにはきっと分からないだろう。

いま流行のファスト・ファッションには複雑な思いがあるけれど、ウィンドウをのぞくと、自分の高校時代にこんなに安くて洒落た服が手に入るところがあったら、どんなに助かっただろうとは思う。十代の私は喜んでTOPSHOPやZARAやH&Mに行って、自分のお小遣いで買えるものの中から、気に入った服を見つけてきたに違いない。

でも、あの頃は、センスのいい服といえばDCブランドのものだった。さりげないシンプルな服さえ、普通のブティックで見つけるのが難しくて、どうしても高価なものに目がいった。

八〇年代も半ばになると、円の力が強くなったおかげでヨーロッパブランドがもう少し気軽に買えるようになって、ＤＣブランドの威力は急激に衰えることになる。私も高等部に移って最終学年になる頃にはＤＣブランドが打ち出す流行には左右されなくなるのだが、中等部の頃はまだＤＣブランドの服こそが憧れだった。

「オリーブ」をながめて、ブランド物の服にため息をついていた時、ママの若い友達で、いつも素敵な服を着ていたひろこさんにこんなことを言われた。

「お金がなくて、欲しいと思った服を買えなかったということも、大事な経験だったって、いつか分かるわよ」

その通りだ。お金があれば何もかもが手に入る、お洒落な女の子になれるというのは間違いだった。

大学に入って、自分でアルバイトをして服を買うようになってからは、そんな幻想は消えた。でも、安くて可愛い服が沢山買えればお洒落になれるというのも、同じように間違いなのだ。どちらもお金に振り回されているという意味では変わらない。そのことに気がつくのは、ティーンを卒業して、本当に自分の好きな服を選べるようになってからのことだ。

その後、私は「オリーブ」で気になったアイテムに印をつける時、頭の中で勝手に値段を半額にするくせがついた。バーゲンに行くことを覚えたのである。

「オリーブ」を買い始めた時に、素敵だと思って手が出なかったブランドのひとつにATSUKI ONISHIがある。

ATSUKI ONISHIはデザイナー大西厚樹のブランドだ。メリー・ポピンズやテディベアなどをモチーフに使ったロマンティックで少しデコラティブな、非日常的な可愛らしさのある服で有名だった。KEITA MARUYAMAが出てくる前に、同じような位置づけにあったブランドだといえば、雰囲気が分かってもらえるだろうか。

ロミちゃんが着ていたScoopのセーターが載っている「オリーブ」の遊園地号でも、表紙のモデルはATSUKI ONISHIの服を着ている。レースで縁取られたハートのアップリケとサテンのリボンがついた淡いピンクのセーターと、黒いチュールのスカートだ。文字にすると固定電話やティッシュにつけるフリフリのカバーのようだが、ATSUKI ONISHIの服のデザインには上質なケーキのような甘さと、ほんの少しの毒があって、いつもドキドキさせられた。

DCブランドの中でも、ATSUKI ONISHIの服はとりわけ高価だったという印象がある。ピンク地にさりげなくそのブランド名が入っているビニール袋を持っている子は、それだけで羨望の的だった。

とりわけ私が好きだったのが、「不思議の国のアリス」をモチーフにした84年のコレクションだ。その憧れのコレクションを着ている先輩を、たまたま用事で行った高等部で見かけて、衝撃を受けた。

先輩が身につけていたのはお茶会に遅れまいと急ぐウサギとトランプのモチーフが編み込まれたピンクのセーターと、テニエルの描いたアリスの絵をプリントに使った光る素材のピンクのロングフレアスカートだ。

長い髪にふわふわとしたパーマをかけたその先輩は、岩館真理子か小椋冬美のマンガから抜け出てきたかのようだった。

振り返って、あのファッションで彼女があまりきれいとは言えない教室で数学や英語の授業を受けていたのだと考えると、少し滑稽にも思える。でも当時の私には、ATSUKI ONISHIの服を着た彼女はファンタジーの住人だったのだ。

私には先輩の頭の上に、架空の王国のティアラが輝やいているのが見えた。

No.3

「オリーブ少女の髪型《ヘアスタイル》はショート・カットにきめた！」（1984／10／3号）

「オリーブ」の1984年の10月3日号が出た日の教室の風景をよく覚えている。

特集のタイトルは「オリーブ少女の髪型《ヘアスタイル》はショート・カットにきめた！」。

八年生の二学期が始まって、間もなかった。

特集グラビアの最初のページでは、タイプの違うショートカットにした四人の外国人モデルが、パステルカラーのセーターを着て微笑んでいた。

「この秋、オリーブ少女のヘアスタイルはだんぜんショートカット！　ちょっと過激なテーマかなって思えるけれど、『オリーブ』では、改めてショートカットの魅力、見直しています」

最新の服を着こなすにはショートカットがぴったり、松田聖子さんも小泉今日子さんもショートにしてファッショナブルになった、この号で活躍しているモデルのモニークも日本でショートに切って断然見違えた、と特集の最初のページに書いてある。

「ヘアスタイルを変える、それも短く切るって、女の子にとってはとても勇気がいること。

でも、素敵な私、見つけたいなら、『オリーブ』はショートカット、おすすめします」

グラビアでフィーチャーされているモニークは鼻先が丸くて親しみやすい顔をしたボーイッシュな娘で、いかにも当時の「オリーブ」好みのモデルだ。ふわふわと毛足の長いモヘアのセーターを着ている彼女は小犬みたいに愛らしかった。

当時はショートカットという提案はそれだけでフレッシュだったと思う。体育会系の女の子がスポーツの邪魔にならないように短くしているのとは違う、「お洒落なショート」が一部の芸能人の間では流行りつつあったものの、ティーンの間では、ロングヘアのサイドに段を入れてブロウしたレイヤードカットが相変わらず流行っていた。

極端に高い位置で結び、後れ毛をうなじやもみあげに残した中森明菜のようなポニーテールも人気だった。でも私立に通っている女の子たちは、上品にもう少し低い位置で髪を結んでいた気がする。

髪型の流行は、ちょうど端境期《はざかいき》を迎えた頃だった。

教室の休み時間、あちこちで女の子たちのグループがこの号のページをのぞきこんでいる。「オリーブ」で人気の特集は他にもあったけれど、この号は特別だった。みんなが注目していたのは、冒頭のショートカットマニフェストでもなければ、ファッショングラビアでもなかった。44ページからの「いいことありそうな予感、思いきってわたし、髪を切る!」という特集ページだ。

最初のページの見開き写真では、美容室のケープをつけて髪を切られている日本人の女の子が不安そうにうつむいていた。栗尾美恵子さんだ。

次のページ、明るいブルーのキュロットと揃いのベスト、白いフリルブラウスという姿でまだ髪の長い栗尾さんが原宿の美容室「CLIP」の店先に立っている写真の下には、こんなキャプションがあった。

「髪を切ったのは、そう、栗尾美恵子さん。『オリーブ』をいつも読んでくれてる人には、もうおなじみ。」

栗尾さんは当時、成城学園高校の一年生で「オリーブ」の専属モデルだった。今でいう読者モデルの先駆けだ。変身ページで「ネオマッシュルーム」という髪型にした彼女は、長い髪のおとなしそうな女の子のイメージから、鮮やかに変身していた。甘い雰囲気の女の子がショートにしている、それが鮮烈な印象を残したのである。

「彼女は髪が長い方が似合っているんじゃないかなあ」と誰かが言った。

「でもほら、ディップで前髪をたてているこのアレンジ、いいよね」

「私はサイドに流しているこの写真の方が、可愛いと思う」

自分と同じように東京の私立の高校に通っている、年齢の近い女の子の変身にみんな興味しんしんだった。

それからしばらくの間、「勝ち組」に所属する女の子たちがレイヤードだった髪をばっさり切ってクラスに現れるという、ショートカットラッシュが続いた。

ショートカットにはミニスカートが似合った。首回りがすっきりして見えるので、タートルネックのセーターが似合った。黒のタートルネックの上に白いシャツブラウスを重ねて、シルバーのネックレスをした女の子たちは、今までよりもいっそう垢抜けて見えた。

人気者に限らず、「オリーブ」を見てばっさり髪の毛を切った女の子たちが大勢いた。それが当時の「オリーブ」という雑誌の、あの特集の持つインパクトだった。

でも、ショートカットにした女の子たちは、翌年になると新しい流行の髪型である、ちょっと大人っぽいワンレングスを目指して髪の毛を伸ばし始めた。運がいいことにそれは、ロングから前髪だけ伸ばすよりもずっと効率的だった。中学を卒業する前に、八年生の時にショートにした子たちの髪の毛は顎《あご》の位置くらいまでに揃っていた。

みんな、中途半端な長さでサイドや前髪がうっとうしい時は、トップとサイドの髪の毛をすくって、バレッタやリボンで留めていた。このヘアスタイルは、ワンレングスを目指している子だけでなく、レイヤードカットにしていた名残でサイドに段が残っている子や、様々な長さの髪の女の子たちに長いあいだ愛されていた。テディベアやテリア犬をモチーフにしたキュートなWEEKENDSのバレッタを持っている子は多かった。リボンではワイヤーが端に仕込んであるフランス製のファンタネル社のものが、蝶結びにした時にきれいな形が作れるからと人気があった。ポニーテールにこのリボンを結ぶだけで、華やかな気持ちになった。

私はこの「オリーブ」の特集からのショート↓ワンレングス↓ロングのソバージュという髪型の流行サイクルに完全に乗り遅れてしまった。

私は七年生の秋に長かった髪を一度ばっさり切ってショートにしていた。「オリーブ」のショートカット号が出た頃は、私の髪はどうやってもお洒落にならない中途半端な長さで、伸ばす過程でかけて失敗したパーマの名残で毛先がうねっていた。不器用な私は上手にブロウ出来ずに髪をもてあました。

ショートカット号が出た八年生の二学期は、早くその髪が落ち着いて、まっすぐに戻ってきれいなロングになることだけを祈っていた頃だ。

髪の毛がロングに伸びた十年生の頃、私を好きだと言ってくれたひとつ上の先輩がいた。彼はサザンオールスターズの「栞のテーマ」を聴くといつも私を思い出すといって、その曲を流して電話越しに聞かせようとした。

サザンを聴いて思い浮かべられるなんてあまりにダサい。十年生の一学期が終わる前に、私は衝動的にまたショートカットにしてしまった。

夏休み前に切った髪は、その秋には更に短くなった。母の友達のひろこさんが、自分がいつも髪を切る表参道の美容室に私を連れて行ってくれたのだ。

「Boy」というその店名は聞いたことがなかったけれど、いつも地元の美容室で髪を切っていて、「オリーブ」に載っているような原宿の美容サロンに憧れていた私は感激してついていった。ひろこさんを担当している店長が私の髪も切ってくれることになっていた。ハンサムな店長はワンレングスの髪にソバージュをかけていた。まるでクラシックの演奏家のような佇まいで、細い指が芸術家肌を物語っていた。

そして芸術家は、人の髪を切る時に相手の要求など聞かないのだ。私はちょっとだけ長さを整えてお洒落にしてもらえれば良かったのだが、彼の指とハサミは私の髪の間を気ままに、優雅に滑っていった。あっという間に私は、耳もうなじも、どこも隠されたところがない、『悲しみよ、こんにちは』でジーン・セバーグがしていたセシル・カットのようなヘアスタイルにされてしまった。

こんなに短い髪にする気なんてなかったのに。短く刈り上げられて呆然としているところに、まつげについた髪の毛を払おうと目をこすったものだから、美容院にいたみんなから私がショックで泣いていると勘違いされた。

でもこの極端なショートカットにしていた頃が、私の人生で一番お洒落な時だった。

少し尖ったファッションでも身につけないと言い訳が立たないような髪型だったので、私は今まで以上に服装に気を使うようになった。白いドットが散らしてあるヴェールダンスの黒いタートルネックのプルオーバーに、乗馬帽のようなベルベットの帽子を合わせた。黒いボーラーハットに、原宿の雑貨屋さんでおまけしてくれたアンティークのリボンを巻きつけた。私は頭のサイズが小さくてそれなりに形がよかったので、どんな形の帽子でも大概似合ったのだ。帽子は私のお洒落に欠かせないツールとなった。

全体のコーディネートにこだわるあまり、授業中に先生に「山崎、帽子取れ」と怒られることがしばしばあったし、体育会系の一部の女の子たちから「変な帽子のまどかちゃん」と呼ばれたりもしたが、気にしなかった。当時は仲のいい先輩や友達、大人たちからは「すごく斬新な髪型をした、お洒落な女の子」というイメージで通っていたから。もしそのイメージを失ったら、私は羽根をむしられた小鳥のように空から落ちると思っていた。

それは潔く髪を切った女の子たちに通底する思いではなかっただろうか。

髪を切った女の子たちがきれいに見えたのは、長い髪が持つ女の子らしさに寄りかからず、お洒落なイメージや個性を自分で築く必要があったからなのかもしれない。

それでも時々、そのあまりの短さに心細い思いをする時があった。アニエスb.の太いボーダーの長袖Tシャツを着たやせっぽちの私を見て、ママは「その髪型、まるでアウシュビッツみたい」と悲しそうに言った。

髪が一番短かった時、友だちのなつめちゃんと渋谷の街を歩いていて、ヘアカタログ雑誌のスタッフに声をかけられたことがある。カメラマンを連れた女性ライターは私たちを呼び止めて、二人の写真をストリートスナップに載せたいと言った。

その日の私はグリーンのタータンチェックのブルゾンに千鳥格子のプリーツミニスカートを合わせていて、なつめちゃんは黒のタートルネックにグレイのミニスカートという格好だった。二人ともショートカットで、なつめちゃんはそのとき明るい茶色に髪を染めていたので、目立ったのかもしれない。

私たちはショートカットのお洒落な二人組として、頬をくっつけんばかりに寄せてカメラに向かって微笑み、簡単なインタビューを受けた。楽しかったし、ちょっと得意でもあった。

女性ライターは二人ともどんなタイプの男の子が好きなの、と聞いた。

なつめちゃんは私に向かってはにかんだような含み笑いをしたかと思うと「二人とも、軟弱な男の子はちょっとね」と言ってみせた。私は呆然としてしまった。私も彼女も、体育会系の男の子を好きになったことなんかなかったのに。嘘つき、と目で合図をおくったけど、彼女は動じなかった。当時からなつめちゃんは私よりもずっと上手に周囲の空気を読んで、相手が望んでいるような答えを口にするのが上手かったのだ。

当時「オリーブ」の読者投稿コーナーの「キャンパスのボーイフレンド」という囲み連載

で紹介されていた男の子たちは、都内か関西の有名な私立の高校に通っていて、みんなスポーツマンであることが自慢だった。私の学校でも、一番の人気者はサッカー部に所属していた男子たちだ。

運命のショートカット特集号の「男の子だって、おしゃれなショート大好き派」というモノクロの見開きページで、ショートカットの日本人モデルを取り囲んで女子の髪型について意見している九人の高校生たちもそんな男の子ばかりである。彼らのプロフィールに目をやると、「アイスホッケーを始めてみようと思っている」「(アメリカンフットボール部で)夏休みもグラウンドで練習の毎日」「(テニス、スキー、車、サーフィンなどスポーツなら何でも出来る万能派で)健康的な毎日です」といった発言のオンパレードだ。

ジョックス(体育会系)は、オリーブ少女にとってさえ、理想のボーイフレンドだった。そんな時代だったから、メガネをかけている知的な人が好きなんてとても人前では言えなかった。

後日発売されたヘアカタログの私となつめちゃんの写真の下には、「二人ともスポーツマンで、男らしい人に惹かれます」というキャプションが添えられていた。

私はその後、苦労してもう一度髪の毛を伸ばした。伸ばす過程で懲りずにまたパーマをかけて、失敗した。

流行よりも髪を切るタイミングが少し遅かった私は、87年春のお団子ブームに間に合わなかった。またもや中途半端な髪の長さで、髪をまとめることが出来なかったのだ。

その年の3月に出た「オリーブ」の3月18日号の特集は「アイデアの髪型《ヘアスタイル》で、友達にまけないよ！」。

シニヨンが進化して、ふたつに分けた髪を耳の上でくるくるとまとめて動物の耳のようなお団子にすることが流行っていた。当時はアイドルもこぞってこのヘアスタイルにしていた。彼女たちはCoup-de-piedやナイスクラップといったブランドの襟の大きな白いワンピースやパフスリーブの黒いミニワンピースを着て、黒い長ソックスにストラップ付きのバレエシューズや編み上げのおでこ靴を合わせ、人形のような格好をしていた。

三つ編みにワイヤーを仕込んでぴょんとはねさせたり、ミニチュアの帽子をピンで斜めに留めたり、凝ったリボンの巻き方をしたり、髪を分ける時に分け目をギザギザにとったり……。そんなデコラティブなヘアスタイルの流行は短く、お団子ヘアを全部包むドアノブカバーそっくりのシニヨンネットの台頭と共に、潮が引くように収まっていった。

あれ以降、私はショートカットにしたことがない。

一昨年、「オリーブ」についての講座でかつて編集長だった淀川美代子さんと久しぶりにお会いした。今、ハリウッドの若手女優の間で流行っている髪の短いピクシーカットについて私が話すと、淀川さんは「ショートカットは素敵だけど、維持するのが大変！」と言った。

短かった髪の毛が伸びてきて耳をチクチク刺す、あの感触がよみがえってきた。

No.4

「流行を気にして、春のおしゃれ出発《スタート》！」（1985／2／18号）

金髪で色が抜けるように白かったフェイ。丸い鼻が可愛らしかった当時13歳のジュディ。そばかすがいっぱいのディアドレ。

「オリーブ」がファッションページに載せる少女っぽい外国人のモデルたちはみんなそれぞれ人気があった。「オリーブ」のファッションページのキャプションは服の説明ではなく彼女たちを主人公にしたストーリーだったので、感情移入もしやすかったのだ。

外国人モデルが主人公の誌面はおとぎ話のようでもあった。海外の青春映画を見るような、少女小説を読むような気持ちで、私は「オリーブ」を読んでいるところがあったと思う。「オリーブ」のストーリーの中では、お洒落も、恋も、女の子同士の友情の話も生々しくなかった。私自身が学校で経験していることとは、ちょっと違う物語だった。

でも時々、「オリーブ」に日本の女の子たちが載ることもあった。

正式な専属モデルといえるのは栗尾美恵子さんだけだったが、他にもレギュラーのように

「オリーブ」のページに登場する女の子たちがいたのである。ストリートスナップでお洒落を披露し、特集ページで学校の部活や恋愛について語るティーンの女の子たち。彼女たちはだいたい、東京の有名な私立校に通う女子高生たちだった。

こういう女の子たちは、どういう経緯で「オリーブ」にピックアップされたのだろう？

当時、私はいつも不思議に思っていた。

「オリーブ」読者代表として登場する女の子たちは、ファッションページの物語に出てくるヒロインとは少しキャラクターが違う気がした。彼女たちはちょっと大人っぽくて、垢抜けていて、遊び慣れているお金持ちのお嬢さんたちだった。ファッションだって、「オリーブ」の雰囲気よりもちょっとコンサバっぽい。

そういう女の子たちや、「キャンパスのボーイフレンド」というコーナーで紹介されている男の子たちの話をつなぎ合わせてみると、どうやら、東京には複数の私立校の人気者たちによって形成されているサークルがあるらしいということが分かった。私の学校にも人気者のグループがあったけれど、彼らはその更に上をいく感じだ。東京全体がひとつの大きな学校だとしたら、彼らと彼女らこそが学園のキングとクィーンだった。そして現実の学校の人気者グループがしばしばそうであるように、彼らは時々、とても意地悪なことを言った。ブランド物の服を着て、渋谷や自由が丘の特定の店に通って、サークルの誰かが主催するパーティに行ける子だけが特権階級で、他はみんなダサいと思っているかのようだった。

「オリーブ」でそういう記事に出くわすと、私はいつもヒヤリとした。

泉麻人が「アボワール徳川」の変名で担当していた、現役女子高生たちの生活をインタビュー形式で紹介するコーナーに出てくる女の子たちは、中でもとびきり意地悪だった。そんな子の中に、当時は立教女学院の女子高生でマーガレット酒井という名前で時々コラムを書いていた酒井順子がいた。彼女は意地悪なことを書いていても鋭くて、その辛辣なユーモアにはいつも感服していた。インタビューを受けているだけの他の子と違って、彼女が「オリーブ」にコラムを書いているのが何よりもうらやましかった。

苦手な感じがする反面、「オリーブ」に載っている女の子たちはいつも華やかだったので、憧れも抱いていた。「オリーブ」には時々若いアイドルも登場したけれど、芸能事務所に入っている子よりも、普通の高校生で「オリーブ」に載っている女の子たちの方が断然クールに見えた。

私が通っている学校の先輩が誌面に登場する時は、うちの学校だって捨てたものじゃないと少し自慢にも思ったし、「オリーブ」の世界と自分の日常に懸け橋が出来たようで嬉しかった。

「オリーブ」の1985年2月18日号の特集は「流行を気にして、春のおしゃれ出発《スタート》!」だった。

バレリーナのチャームがついたカーディガン留めをブローチにするアイデアや、トランペットの形をしたイヤリング、アンティーク風の花のコサージュなどが春に流行する小物として載っていたが、私の目は「読者モデルのイメージ・チェンジ　わたし、オリーブ少女します！」という企画ページに釘づけだった。読者モデルに応募してきた女の子たちが「オリーブ」らしいスタイリングでメイクオーバーするという内容で、参加している六人の女の子は東京の有名校サークルに所属しているメンバーではなく、審査で選ばれた子たちだった。

黒い水玉のピンクのプルオーバーに、白の水玉柄の黒のロングフレアスカートという、ATSUKI ONISHIのファッション・カタログから抜け出てきたかのようなコーディネートの長い髪の16歳の美少女は、バレリーナになるためにもうすぐフランスに留学する予定だという。その彼女の友人で、一緒に応募して偶然受かったという女の子は、フェリックスのトレーナーにやはりフェリックスの柄が入ったネクタイ、チェックのロングスカートという組み合わせがよく似合っていた。

他の女の子たちも、「オリーブ」っぽいファッションがマッチしている。彼女たちは、普段雑誌に出ている高校生たちよりも、「オリーブ」のファッションページの世界観が似合っている女の子たちのような気がした。

（お嬢様っぽい人気者グループに所属していなくても、「オリーブ」に載ることもあるんだなあ）

「オリーブ」の世界のドアが、少しだけ広く開いたような気がした。

だからといって、自分も「オリーブ」に載るチャンスがあるとは考えなかった。私が通う学校の同学年の人気者グループの女の子たちだって、まだ「オリーブ」には載っていない。身近な子が「オリーブ」に出るようなことがあったら、その子はスターになれるに違いないと思っていた。ところが、「オリーブ」のような雑誌に載ることと、学校で人気者になるのはまた違うことなのだと思い知るような事件が起きた。その年の10月18日号の「オリーブ」に、同級生の女の子が読者モデルとして載ったのだ。

第二特集の「もっと知りたい！　アツキオオニシのこと」で、彼のファンの読者モデルたちが、自分たちの持っているATSUKI ONISHIの服を着て、大西厚樹本人からスタイリングのアドバイスをもらうという企画だった。彼女は大きな赤い薔薇の模様が入ったピンクのサブリナパンツにカメオ風のブローチがついたビクトリア調のフリルシャツ、赤いチェックのブルゾンというスタイルで、写真で微笑んでいた。

その子は九年生の一学期から私たちの学校に転入してきた女の子で、みんなに受け入れられているとは言いがたかった。既にどこかの芸能事務所に所属してレッスンを受けていて、アイドル歌手になるのだと公言してはばからなかったので、人気者グループの女の子からは嫌われていた。

その号が出た翌日、私は学校の階段でエミリちゃんとすれ違った。

エミリちゃんは顔をしかめて、「あんな服、学校に着てくるようなものじゃないよ。バカじゃないの！」と言い放つと、上階に響かせるように大きな声で笑って友達と階段を早足で下りていった。私が階段を上がると、「オリーブ」に載ったのと同じ服装で、読者モデルになった子が悔しそうな顔をして三階の廊下に立っていた。

私は自分がかつて言われたように、「エミリちゃん、『オリーブ』に載っている子がうらやましいんでしょ」と心でつぶやいたけれど、実際に口に出す勇気はなかった。この時はまだ、読者モデルになった子と自分が同じ立場になるなんて思ってもいなかった。


中等部卒業間近の三学期、私は一冊の本を携えて、いそいそと教室に入っていった。

本のタイトルは『ビバ！　私はメキシコの転校生』。私が二年近くかけて書いた、最初の本だった。八年生のはじめ、児童書の出版社として有名な偕成社から私に依頼があった。

「帰国子女としての経験を書いて、本にしませんか」

その数年前、私が父の仕事の関係でメキシコのクエルナバーカという街に暮らした時に通っていたユニークな学校と、帰国後に公立の小学校に馴染めず苦労した経験について、母が本を出していた。偕成社で、その頃話題になっていた帰国子女の体験記を集めた本を作ろうかと考えていたところ、母の本を読んだ有名な評論家が、「この子なら、本が書けるんじゃないかな」と私を推薦してくれたという。

十代で本が出せる。作家になりたいと思っていた13歳の私には、夢みたいな依頼だった。でも、プロの書き手ではないティーンの女の子にとって、本を一冊書き下ろすことはとてつもなく大変なことだった。気取りたい年頃なのに、メキシコにいた時の子供っぽいエピソードや、いじめにあった話を正直に書かなければいけないのも辛かった。筆は遅々として進まず、中等部時代、原稿の締切はいつも大きな石のように私の頭の上にのしかかっていた。だから本が出た時は、やり遂げた気持ちしかなかった。

ところが、舞台を観に行った時に演出家の鴻上尚史さんにその本を渡したところ、彼が朝日新聞のコラムに取り上げてくれて、私の本は急激に注目を浴びるようになった。その前年、イベントで会って交流を始めた中森明夫さんも面白がってくれて、私に「女子中学生文化人」という肩書きをつけて、雑誌に紹介した。

私は急にカルチャー誌や、週刊誌に載るようになった。

経済学者として知られていた父と一緒の写真が「フライデー」に掲載されたのをきっかけに、中森さん経由で色んな雑誌の仕事がやってきた。「ホットドック・プレス」の撮影のために講談社を訪れた時は、当時その雑誌の編集部に所属していたいとうせいこうさんに会った。中森さんが「この子、女子中学生文化人なんですよ」と言うと、いとうさんが「では、お近づきの印に」と言ってみかんを渡してくれたので、私はすっかり舞い上がってしまった。

中森さんは当時「新人類」と呼ばれる新世代のクリエイターの一人として活躍していたが、この時の「ホットドック・プレス」では、彼が「新々人類」と名づけた新人ライター／編集者の三人組が、私と一緒に紹介されていた。

その内の二人は、現在ライターやＤＪとして活躍している石丸元章さん、有名編集者の管付雅信さんである。二人とも当時はまだ大学生だった。もう一人は、矢野守啓さんというお洒落な青年だった。彼は何故か撮影の時、バルタン星人の爪を片腕につけていた。

後におたく評論家の宅八郎が有名になったとき、彼が矢野さんと同一人物だと気がつくまでずいぶん時間がかかった。

私は「スタジオボイス」や「宝島」のグラビアページに載った。「スタジオボイス」で私をメイクしてくれたのは、当時「オリーブ」でも活躍していたヘアメイクアーティストの日野眞郷さんだった。それだけで夢みたいだった。いろんな大人から「個性があって魅力的だ」と言われて、ほんの少し、得意な気持ちにもなった。学校で私のことをかわいいと言ってくれるのは、ごく限られた、親しい友達だけだった。

そう、学校で人気者になることと、外の世界で認められることは違う話なのだ。

私が雑誌だけでなく、あまつさえテレビに出るようになったことは、学校の人気者グループの怒りを買った。それまで、彼女たちにとって私は「その他大勢」のグループに属する透明人間のような存在だったのに、急に目につくようになったのだろう。透明人間のように存在感がないだけではなく、私は本を読んで生意気なボキャブラリーを使う「変な子」だった。そんな子が、雑誌やテレビでちやほやされていい気になっている。学校の下位グループに所属する子が、絶対にやってはいけないことだ。彼女たちにとって、私は無法者と同じだった。人気者の女の子たちは私と廊下ですれ違う時、鋭い笑い声を立てるようになった。そうされるたびに、身がすくむ思いだった。そんな目に遭うのは理不尽だった。私はやさぐれた気持ちになった。

みんなが遊んでいる間、私は机に向かって原稿を書いていたのだから、ちょっとくらいご褒美があってもいいじゃない。

それに、みんなが思っているほど浮かれている訳でもなかった。

雑誌の撮影やインタビューは楽しかったけれど、学校に知れ渡る頃には、私は不安な気持ちになっていた。取材に来る人たちは、15歳で生意気なことを言う私を面白がっているだけで、誰も私のことをちゃんとした書き手だとは思ってくれていないのではないか。それが証拠に、インタビューやテレビ出演のオファーはくるのに、文章を書いてほしいという依頼がない。私をどう見せるか。どう扱うか。全部大人の思うままで、それが正直、とても恐かった。インターネットがある現在のように、ティーンが自分のメディアを持って意見を発信出来る時代ではなかったのだ。

中等部を卒業するちょっと前、ボーダーのニーハイソックスが流行っていた。ボーダーのハイネックのプルオーバーにデニムのミニスカートとGジャンを合わせ、ニーハイソックスをはくのが1986年の春の流行だった。

私がメディアに登場して、ちょっとばかり注目を浴びた時期は、ちょうどそのニーハイソックスが流行していた頃と重なる。運がいいことに、その時期はとても短かった。

すぐに中等部の卒業式があり、春休みが終わって高等部に入学する頃には、同級生たちは私のささやかな栄光のことなど忘れていた。新顔の生徒たちが外部の学校から入ってきて、学内の権力分布図も再編成が必要だった。

四月になると誰もボーダーのニーハイソックスをはかなくなり、バルーンスカートの流行が訪れた。

それから二年経った、十一年生の冬。同級生のしょうこちゃんが、急に髪を短く切って学校に現れた。

大きな目が印象的なしょうこちゃんは元々ショートカットだったけれど、今回の髪型は極端に短くてジーン・セバーグみたいだ。

しばらくして、彼女のグラビアが「オリーブ」に載った。しょうこちゃんはこの撮影の時に、髪を切ったのだ。「オリーブ」の写真の彼女はギリシア神話の少年のようで、とてもりりしくて素敵だった。

しょうこちゃんは学校で目立つようなタイプではなかったけれど、あの時は、同級生の誰も彼女に文句を言わなかったはずだ。

「しょうこちゃん、スターだな」

そう思って私はため息をついた。

本が出た時、いろんな雑誌に写真が載ったけれど、私はついに「オリーブ」に載ることはなかった。私は「オリーブ」のモデルに向く女の子ではなかったのだ。

未来はもっと違う巡り合わせを、私に用意していた。

No.5

「公園通りは、オリーブ少女のおしゃれステージ」(1985/5/3号)

私が九年生のときの、五月の連休のハイライト。それは渋谷へのお買い物旅行だ。両親に連れられて、東急文化会館の五島プラネタリウムや映画館に行くのとは違う、ワクワクするような渋谷へのお出かけ。何せ、私がDCブランドの洋服や可愛い雑貨を買おうとすると、「無駄遣いだ!」と目を吊り上げるママもパパもいないのだから。二人は休みを利用して、アジアのどこかの国にボランティア旅行に行ってしまった。

貯めておいたお小遣いを何に使っても自由! 憧れのお店にも行きたい放題!

私の手には出たばかりの「オリーブ」1985年5月3日号があった。特集のタイトルは「公園通りは、オリーブ少女のおしゃれステージ」。

表紙では、ピンクストライプのコットンジャケットにパジャマのようにルーズなストライプパンツを合わせたモデルが、パルコの前で飛び跳ねている。その写真を見るだけで、私の心もジャンプしそうだ。

それまで「オリーブ」が特集を組む街といえば原宿が定番だったが、原宿は一度として

「私の街」だと感じられたことがなかった。竹下通りも、ラフォーレ原宿も、何だか観光地のようで落ち着かない。当時のラフォーレはDCブランドのメッカだったが、ビルの構成とレイアウトが複雑で、迷いやすいので嫌いだった。竹下通りの脇を入った静かな通りにあるサロン風のカフェ、「ルセーヌ」か、紅茶専門店の「クリスティ」でママとお茶するのが、十代の頃の私の地味な原宿定番コースだった。

1985年当時の渋谷は今と違ってまだ大人の街という印象があったが、「オリーブ」の誌面で見るその街は、原宿とはちょっと違う、親しみやすさがあった。

原宿には、いろんなタイプの人が押し寄せてくる。でも、渋谷は「オリーブ少女」の「おしゃれステージ」。何故だか、すごく分かる気がする。

「待ちに待ったゴールデンウィーク！　あなたのプランはもう決まったかな。ポッカポカの日差しに誘われたら、もうじっとなんかしていられませんよね。スニーカーにはきかえて、渋谷へおしゃれ探検にでかけませんか。いま、ドキドキするほど渋谷がおもしろいんです」

ブランド物のブティックだけではなく、「文化屋雑貨店」、「大中」、「宇宙百貨」など、チープで可愛い雑貨が並ぶお店もある。お洒落なカフェもある。「オリーブ」に載っているお店を見るだけで胸が高鳴った。何より、公園通りのパルコが魅力的だった。同じようなDCブランドのテナントが並んでいるファッションデパートでも、パルコは丸井よりも垢抜けていて、センスがいい感じがした。

渋谷に行くと決めた日までに、私は「オリーブ」で行きたいお店をチェックして、道順を頭に叩き込んだ。公園通り、スペイン坂、ファイヤーストリート。「オリーブ」の地図で覚えた私の渋谷は、神南方面に傾いていた。109と道玄坂を認識するのは、もっと渋谷に行き慣れた後だった。

出来れば同年代の友達と行きたかったが、残念ながら私には大人の同伴者がいた。両親の留守中、私を預かってくれたママの友達、ひろこさんだ。

彼女はママより十歳は若くて、当時は二十代終わりか三十代のはじめ。大学で英文学を教えているショートカットのひろこさんは、いつもあっさりとしたモノトーンの服を着ていた。小学生の頃はそんな彼女の服装を地味だと思っていたけれど、「オリーブ」を読むようになって、ひろこさんのスタイルは「シンプル」で「シック」であるということに気がついた。泊まりにいった彼女のアパートの壁にハンガーでかけられた、飾り気のない黒いツーピースのタグにDiorという文字を見つけた時は、ドキドキした。

ひろこさんなら、きっと「オリーブ」のセンスを分かってくれる。大人に付き添ってもらって渋谷に行くのは少し恥ずかしいけれど、彼女はショッピングの楽しさも知っているはずだし、最強のお洒落アドバイザーになってくれるはずだ。

私は足取り軽くひろこさんと渋谷に出かけた。彼女が住む高田馬場から渋谷まで、山手線

の内回りに乗って、約十分。

いよいよ「おしゃれ探検」の始まりだった。

まずは二人で、公園通りのパルコパート1をひやかした。いつもはマヌカンに声をかけられるのが恐くて、遠目に見ているだけのDCブランドのブースにも、ひろこさんとなら気兼ねなく入れた。

これで、いつもはママに買うことを止められているブランド物のネーム入りのTシャツや小物を買うことが出来る。そう思ったが、当てが外れた。お洒落にうるさい人だけあって、ひろこさんがなかなか買い物にOKを出してくれないのだ。

ATSUKI ONISHIの赤ずきん柄のTシャツは「あなたに似合わない」とバッサリ。私は手ぶらでパルコを出ることになった。

当時、フジテレビの「夕やけニャンニャン」でアイドル・グループおニャン子クラブが着ていて人気があった「セーラーズ」の店も見てみたかったが、却下された。

雑貨店を数カ所まわった後、「Light Menu」というDCブランドのブティックに入った。雑誌でここのテディベア柄のレーヨンシャツを見て、絶対に買うと決めていたのだ。

マヌカンさんに目当てのシャツを羽織らせてもらって私は有頂天だったが、ひろこさんは渋い顔だった。

「その素材でその値段は馬鹿げているわ」

代わりに彼女は床に置いてあるバスケットのバーゲン品の中から、セーラーカラーのついたブルーのシャツジャケットを取り出した。

「こっちの方があなたに似合うし、お買い得よ」

ひろこさんのアドバイスに従って、私は渋々そのシャツを購入した。紺のストライプが入っているだけで、可愛らしいプリントもないし、何だか地味な服だと思った。

でも、ひろこさんは正しかった。そのシャツジャケットは、何にでも合う万能選手だった。中学、高校を通して、私があんなに着たアイテムは他にない。

ボタンを留めてブラウス風に着ても良かったが、私は前をあけて下に着ているTシャツやキャミソールを見せるスタイルや、ノースリーブのワンピースの上に羽織るのが好きだった。朝、着ていく服に迷うと、かならずそのシャツジャケットに手が伸びた。ティーンエイジャーの私が着て、一番私らしいと思える服だった。


「Light Menu」を出た後、私たちは坂を下りてファイヤーストリートに向かった。「文化屋雑貨店」の他にも、私が行ってみたい店がそこにあった。ロマンティックな服を作っているL'ESTというブランドのブティックだ。

「オリーブ」のグラビアで見る洋服も、ブティックの焦げ茶に塗られた木製の重たげなドアもクラシカルな雰囲気で、とても憧れていたのだ。

私が当初買おうと考えていたのは、ケイト・グリーナウェイが描いたようなレトロな子供の絵柄が入っているTシャツだった。でも、実際に店に入って、最初に目に留まったのは貝ボタンのついた繊細なキャミソールブラウスだ。フロントのプリーツにレースが使ってある。古い少女小説に出てくるようなノスタルジックな雰囲気のその服に、私はすっかり心奪われてしまった。

そのキャミソールが薄紙に包まれ、ブランドのビニール袋に入れられるのをレジで待っていた時、試着室のカーテンが開いた。白い襟のついた淡いブルーのワンピースを着た背の高い女性がそこから出てきた。ウェーブのかかった長い髪と大人っぽい顔立ち、赤い口紅が印象的だ。ひどくスリムだったから、ひょっとしてファッションモデルだったのかもしれない。ワンピースはディズニー映画のアリスが着ているものにそっくりだった。その人が着ると、大人の女性が間違って少女の服を着てしまったかのようだった。

でも、それが彼女に驚くほど似合っていた。神秘的でセクシーですらあった。

私は長い間その女性が忘れられず、大人になったら、あんな風にわざと少女っぽい服を着ようと十代の頃は心に決めていた。

(自分が童顔であることに気がついて、断念した)

素敵な洋服を二着買えたことは嬉しかったけれど、美しい女性の思いがけない着こなしを間近で見られたことが、その日の渋谷における何よりの収穫だった。

その後、放課後に渋谷に通うようになっても、私の一番のお気に入りのブティックはファイヤーストリートの「L'EST」だった。ここのサンプルセールで赤いチロル風のジャケットを買い、白いニットボレロを買った。襟ぐりに沿ってラインストーンが縫い付けられた卵色のTシャツを買い、青い小花模様のワンピースを買った。買い物の後、お金に余裕がある時はプロヴァンス風のインテリア雑貨を売る「オ・タン・ジャディス」の地下にあるカフェにも行った。

でも、高価なカフェでお茶をしなくても、買い物をしなくても、渋谷はいつも行くだけで、歩いている人を見るだけで楽しかった。学校から井の頭線一本で行けるので、土曜日の午後に渋谷に行くと、あちこちで同級生たちを見かけた。渋谷は私の十代の放課後に直結している街だった。

代官山は素敵だったけれど、渋谷からわざわざ東横線に乗り換えるのが面倒くさかった。私は切符代節約のため、よく渋谷から歩いて代官山に行ったけれど、いつ行っても地理がどうしてもつかめなくて、イライラした。ずっと行きたいと思っている雑貨屋の「マチルド・イン・ザ・ギャレット」に、何故だか辿り着けない。結局、「ハリウッド・ランチ・マーケット」とヒルサイドテラスのある通りをぶらぶらして、ちょっとだけ雑貨屋の「クリスマスカンパニー」をのぞいて、代官山の散策は終わりだった。

国立から吉祥寺の学校に通っている私には、自由が丘や広尾は地理的に遠くて、馴染みのうすい街だった。六本木は、私には大人過ぎた。六本木WAVEのビルを訪ねて、「アール・ヴィヴァン」で難しそうな本や美しい洋書のアートブックを眺める以外に、特にすることがない。

でも、青山はちょっと違った。

渋谷に買い物に出かけた五月を過ぎてしばらくして、ママの知り合いの編集者に連れられて、私は外苑前のとある事務所を訪れた。秋山道男さんというプロデューサーが、若い女の子を主役にした新しいタイプの雑誌を作るので、十代の女の子の生の声が欲しいのだという話だった。一時間ほど話して、私のことを面白がってくれた秋山さんが、雑誌に参加しないかと言ってくれた。

帰りに編集者から、ベルコモンズの向かいに出来たばかりだった「ハーゲンダッツ」でアイスクリームもおごってもらえて、私はご機嫌だった。

その夏、私は友達のなつめちゃんとあゆこちゃんと共に、青山のキラー通りにある秋山さんの事務所に通った。「活人」という雑誌で、現役ティーンが担当するページを作るためだ。表紙になった小泉今日子には会えなかったけれど、憧れのモデルでスタイリストの安野ともこさんに遭遇して、飴をもらった。映画『台風クラブ』を見た直後に、工藤夕貴が事務所でインタビューを受けているのも見た。生まれて初めて映画の完成披露試写会に行った。銀座の映画館でお正月公開予定の『バック・トゥ・ザ・フューチャー』を見たのだ。おすぎとピーコを客席で見つけた私たち三人は、他にも有名人がいないかとキョロキョロして、付き添いの編集の女性の顔を真っ赤にさせた。

でも、私が何よりも嬉しかったのは、青山のような素敵な街に通えることだった。

キラー通りには「オリーブ」で見て憧れていた店が並んでいた。アンティークショップの「Par Avion」のウィンドウでは、六〇年代のジュエリーがキラキラしていた。オーダーメイドのシャツが並ぶウィンドウを見つけて、私もいつかこんなお店で自分だけのブラウスを作ろうと考えた。私が店のウィンドウに張りつき、それをなつめちゃんとあゆこちゃんが引き離す。そんな風にして通りを歩いた。

「まどかはね、お金がかかることに気をとられ過ぎだよ」

背が高くて大人っぽいあゆこちゃんに叱られた。

その夏、キラー通りで私たちが入ったお店は、アイスクリーム屋さんの「スウェンセンズ」だけだった。三人でそれぞれ違うアイスクリームパフェを頼んで分け合う計画だったが、出て来たパフェは器が違うだけで、アイスとフルーツ、クリームの構成はほぼ一緒だった。私たちは冷房が強すぎる店内で、震えながらパフェを食べた。

夏が終わっても、私は一人で外苑前の駅を降りて、キラー通りに時々行った。通っている時に、「オリーブ」にもよく出ていた洋書屋の「オン・サンデーズ」の場所を覚えたからだ。

アート作品や高価な洋書が並ぶコンクリートが打ちっぱなしの空間にちょっと気後れしながら、絵はがきのコーナーに向かう。そこで古い映画のスチールやモノクロ写真のカードを吟味して、素敵だと思ったカードを一枚か二枚買う。選んだカードは画鋲で自分の部屋の壁に貼った。それだけで、センスのいい女性になったような気分に浸れた。東京がお洒落な映画のフライヤーやポスターで溢れる前は、そんな小さなカードが何よりのインテリアだったのだ。

渋谷に通い、青山を覚え、15歳の私は少し大人になった。

特定の街が、憧れと結びついている。そこに行くことで、背伸びする気分が味わえる。自分の中の地図が広がって、豊かになっていく。そんな感覚は、今でも私の中に少し残っている。

学校の最寄りである吉祥寺で過ごしても、充分に満足は出来た。小劇場演劇が大好きだったから、劇場が多い下北沢は馴染みの街で、行くとそれだけでほっとした。

でも時々、もう少し冒険したくなる時があった。そんな時は、初めての駅で降りて、少し大人の店をのぞき、ちょっと緊張して、背筋を伸ばして街を歩いた。

初めて「オリーブ」を持って渋谷に行った時のときめきは、私をずいぶん遠くまで連れて行ってくれた気がする。

ファイヤーストリートには、今も好きな店がある。この間、その店で新しい靴を試し履きしていた時、チョコレート色の板張りの床を見てふと気がついた。

ここ、「L'EST」があった場所だ。

No.6

「対決！　雑貨屋さんと、古着屋さん。」（1986／4／18号）

放課後に井の頭線に乗って渋谷に行く時はいつもワクワクしたけれど、十代の私にとってのホームタウンはいつだって吉祥寺だった。

明星学園に転入してきた小学四年生から高等部を卒業するまで、九年間通った街。吉祥寺にも沢山の思い出の店がある。

中でも忘れがたいのは、吉祥寺の南口を出てすぐの狭い通りにあった「ペンギンカフェ」だ。小さな雑居ビルの二階がカフェで、三階が雑貨店の「ペンギンカフェTWO」だった。

吉祥寺には他にも小さな雑貨店がいくつかあったけれど、「ペンギンカフェ」は「オリーブ」が雑貨特集を組むとかならず載るようなお洒落な場所だった。私が高等部に進学して十年生になった頃に出た、1986年4月18日号「対決！　雑貨屋さんと、古着屋さん。」にも、「ペンギンカフェTWO」の雑貨が数多く掲載されている。

「ペンギンカフェTWO」の商品は、フランスで仕入れた輸入雑貨と、オリジナルの製品が半々だった。オリジナルでは、金色のペンギンのマークが控えめに入った金縁の白いお皿やコップ、小さなコーヒーポットが定番商品だ。「ペンギンカフェＴＷＯ」が取り扱う雑貨は甘くなくてシックで、フランス映画に出てくる小物みたいだと十代の私は思っていた。

時々、友達と贅沢してここの二階のカフェでお茶を飲んだ。アンティークのどっしりとしたテーブルと椅子が置いてある薄暗い店で、壁面はコンクリートが打ちっぱなしだったという記憶があるが、間違いかもしれない。

私はここで小さなパフェを注文するのが好きだった。アイスクリームとフルーツ、生クリームがガラスのタンブラーに入っていて、当時はそれがすごく洒落て見えた。タンブラーも添えられたスプーンも、「ペンギンカフェＴＷＯ」の製品だった。スプーンの柄の先には、エッフェル塔か凱旋門の飾りがついていた。

エッフェル塔の形や柄の小物はあの頃の流行だ。香水瓶でも、ブローチでも、エッフェル塔のフォルムがあると、それだけで素敵に見えた。

「オリーブ」１９８６年4月18日号にも、「雑貨屋さんは、あこがれのパリだって運んでくれる！」という見開きの小特集がある。ページにはエッフェル塔の形をしたトリコロールのロウソクやピンバッジ、トリコロールのリボンを結んだスポンジまで載っていた。

私は文字盤に二匹のペンギンが描かれた「ペンギンカフェＴＷＯ」の目覚まし時計を、大学生の男の子にプレゼントしたことがある。高等部に進学する時、彼からお礼に「タンタン」シリーズに出てくるキャラクター、スノーウィのピンバッジをもらった。

ベルギーの漫画家エルジェが生んだ少年探偵タンタンとその飼い犬のスノーウィは、今ではすっかりお馴染みのキャラクターだけど、私は「オリーブ」でその存在を初めて知った。青いセーターにニッカボッカのパンツ、トレンチコートというスタイルで前髪をピンと立てた少年タンタンは、「オリーブ」を読んでいる子にとても人気のあったキャラクターだった。私はスノーウィのピンバッジを、ランドセル風に背負う革のカバンにつけて高等部に通い始めたが、どこかに落としてなくしてしまった。あっという間のことだった。

十代の頃の雑貨には、いつもそんな、「なくしてしまった思い出」がつきまとう。


可愛い雑貨が好きな女の子の間で、当時、人気があったのがHONEYという会社の製品だ。レトロなお菓子やおもちゃを扱う「ハラッパA」、アーリーアメリカン的な輸入物も入っている「スウィート・リトル・スタジオ」、ラッピングペーパーや文房具の店である「キネティックス」、テディベア専門店の「カドゥリー・ブラウン」と、HONEYが展開する店は代官山に揃っていて、全部はしごする子も多かった。小さなテディベアのブローチは特に愛されていて、ジャンパーやジャケット、カバンにつけている同級生が何人もいた。

私は前にも書いた通り、代官山が苦手だったので、HONEYの店に行くことは少なかった。でも、ヒルサイドテラスに入っていた「クリスマスカンパニー」だけは別だ。一年中、クリスマスグッズやオーナメントを売るショップで、キャッチフレーズは確か「364日のクリスマス・イヴ」。そのコンセプトからして素敵だった。

九年生の時にここで買ったクリスマスリースの形のブローチは私の宝物だった。精巧に作られた金色の柊《ひいらぎ》の葉を組み合わせてラウンド状にして、赤、緑、オレンジのラインストーンが散りばめられている。クリスマスリースのブローチは沢山あったけれど、私が持っているクリスマスカンパニーのブローチが一番美しかった。

冬になると、Scoopのお姉さんブランドXingの赤いタートルネックセーターの胸に、よくクリスマスリースのブローチをつけた。このハイゲージの赤のタートルネックも私のお気に入りで、高等部を卒業するまで何回着たのか分からない。私はそんなに大事にしていたブローチさえ、十一年生の冬にあっさりなくしてしまうのだ。

両親が離婚して、私はその頃、藤沢市から学校に通っていた。慣れない早起きでロスをした分、小田急線の座席で睡眠を取る日々だった。下北沢の駅に着く頃、ようやくしゃきっとする。でもある日、下北沢を寝過ごしそうになった。慌てて電車から降りて、井の頭線のホームに着いて胸元を見たら、ブローチがない。小田急線の中に落としてきてしまったのだ。

その日の私の落ち込みようときたらなかった。駅に問い合わせても、あんな小さな物はきっと、絶対に見つからない。それに素敵なブローチだもの、誰かが拾って持ち帰ってしまったに違いない。

真っ暗になっている私をなぐさめようと、演劇部の後輩のあさこちゃんが言った。

「誰かが大事にしている物は、その人にふりかかる不運を食い止めるために、その不運を背負って消えてしまうことがあるんですって。まどか先輩のブローチも、きっと先輩を守ってくれたんですよ！」

何それ、気持ち悪い。とは、当時は思わなかった。むしろちょっと感動したくらいだった。でも、もしもそれが真実だとしたら、私の十代の生活は大小のアンラッキーが雨のごとく降り注ぐように運命づけられていたに違いない。小さくて可愛い小物は、すぐに私の手元から消えてなくなってしまうのだから。


十年生の冬に母にねだって買ってもらった、Scoopのスタジアムジャンパーの事件だってある。

紺色の地味なスタジャンだったが、丈が短いところと、ジッパーの先に銀色のキツネの頭のチャームが付いているところが気に入っていた。そのジャンパーを着て学校に行き始めてすぐのことだった。椅子の背にそのスタジャンをかけたまま教室を離れて、しばらくして帰ってきてみると、ジッパーの先から銀のキツネが消えていた。誰かが外して持ち去ったとしか思えなかった。小さな飾りだったけれど、キツネのチャームがなくなって、そのジャンパーの魅力は半減した。

そのジャンパーを買った頃、私は小劇場のオーディションを受けて、小さな役をもらった。同じオーディションに受かった大学生の男の子がお洒落で、スタジャンに複葉機をかたどったレトロなブリキの大きなバッジをつけていた。確かBIGIで買ったと彼に聞いた気がする。私はそのバッジが好きで、うらやましくて、図々しく何度も「ねえ、そのバッジちょうだいよ！」と稽古の期間中、彼にねだっていた。

その度に「誰がやるかよ」と突っぱねられていたのだが、舞台の千秋楽の打ち上げの日、彼はスタジャンからそのバッジを外して「ほら」と言って、私にくれた。

いろんな思い出が詰まったアクセサリーなので、大事にしようと決めて、私は紺のスタジャンの胸にその飛行機のバッジを飾った。やっぱりそのバッジもなくしてしまうのである。

母と、その再婚相手の義理の父に連れられて、歌舞伎座に行った時のことだ。五代目中村勘九郎の二人の息子の初舞台だったので、１９８7年の1月であることは間違いがない。まだ3歳だった中村七之助が口上の途中でお辞儀しているのに飽きてしまい、顔を上げて自分の頬の化粧を手で落とし始めたことを覚えている。

可愛かったねえと言いながら、東銀座を歩いて、ふとスタジャンの胸元に目を留めると、飛行機がない。私の胸に残っていたのはバッジの台と留め具だけだった。

そんな風にはっきりとなくした瞬間を覚えている物もあれば、気がつけば失っていた物もある。渋谷の「グランデール」で買った、カウボーイ柄の飲み口が広いマグカップ。あれはどこにいったのだろう。当時はまだパルコくらいにしかなくて、お洒落な雑貨屋の代名詞だった「アフタヌーンティー」で購入した小さな家の形のティーストレーナーは？　「文化屋雑貨店」で買って、帽子につけていたラインストーンのハート形のブローチは、いつなくなったのだろう。

私はそのバッジをつけていた帽子を覚えている。原宿にあったサープラス専門店の「ヘッドクォーター」で買ったものだ。

「オリーブ」の誌面で時々、モデルがフランスの水兵帽を被ることがあった。縁にNAVEYと縫い取りがある、赤のボンボンがついた可愛い帽子である。「ヘッドクォーター」で同じ物を見つけたが、外国人の男性向きの帽子は大きくて、ブカブカだった。代わりに目についたのが、革でパイピングされた小さな赤のベレー帽だ。それを試着していると、レジの男性が言った。

「君、それ似合うね。フランスの小学校の制帽なんだよ」

八〇年代も九〇年代も、オリーブ少女のトレードマークといえばベレー帽で、同級生の中には色違いで揃えているような子もいた。原宿のキディランドの脇を入っていくキャットストリートには「NICE」という雑貨店があって、そこのフェルトのベレー帽は手頃な値段で人気があった。

小学校、というのが少々ひっかかったけれど、本場フランスの制帽で、ほんの少し変わったディテールのあるそのベレー帽が、当時の私の自慢だった。更に飾りを加えて、自分らしくしようと思ってバッジをつけたりしていた。でも、その帽子もバッジもどこかになくしてしまった。

大学に入る時、ベレー帽なんて「オリーブ少女っぽくて、かっこわるい」と思って、誰かにあげてしまったのかもしれない。

しかし、雑貨の「なくしてしまった思い出」で一番苦いのは、チーズケースのような円形の入れ物に入ったフランス製の石鹸にまつわるものだ。

当時、フランス雑貨を扱う店はどこもそのメーカーの石鹸を入れていた。ハチミツ入りの石鹸はケースにミツバチが、ミルク入りのものには乳搾りの娘が描いてあった。南仏風の素朴なパッケージとオーガニックなイメージが新鮮で、その石鹸は「オリーブ」にもよく取り上げられていた。

私がその石鹸を同級生の女の子からもらったのは、九年生の夏のことだ。ピアスの穴を耳に開けるので、竹下通りにある店についてきて欲しいと彼女に頼まれたのだ。

八年生の二学期のショートカット・ブームは、そのままピアス・ブームに直結していた。それまで髪に覆われていた耳たぶが目立つようになると、お洒落な女の子たちはこぞってピアスの穴を開け始めた。九年生になる頃には、ピアス穴を固定するためのシンプルなファーストピアスを耳たぶに光らせた子が教室に大勢いた。

とうこちゃんもショートカットにして、ピアスを開けることにした女の子の一人だった。でも、とうこちゃんは「オリーブ」の栗尾さんに憧れて髪を切った訳ではなかったのだ。

八年生の時に憧れの上級生にラブレターを送ったら、「ちょっと君は暗い感じがする」という返事をもらって、明るい雰囲気にしようとショートにしたのだと言っていた。

その上級生に新しい手紙を渡しに行く時、とうこちゃんに付き合ったので覚えている。「ねえ、彼、ハンサムだよね？」と彼女に聞かれたけれど、私は自分が興味のないひとつ年上の上級生の顔なんか、すぐに忘れてしまった。

私は九年生になるまで、とうこちゃんとは口をきいたことがなかった。いつも別のクラスだったし、部活でも一緒になったことがない。

直接のきっかけは忘れたけれど、とうこちゃんと話をするようになったのは、二人とも「オリーブ」が好きだったからだと思う。「オリーブ」を読んでいる女の子は多かったけれど、とうこちゃんと私は、雑誌の世界観に対する憧れ具合がよく似ていた。高価なブランドの服で固めて通学するような勝ち組ではないけれど、二人ともお洒落でいたいと思って、色々と工夫していた。すごく仲がいいという訳ではないけれど、「オリーブ」に載っていた服やお店について話すのには、最適の相手。私はそんな風にとうこちゃんのことを考えていた。

だから、週末に呼び出された時は、ちょっと戸惑った。二人だけで長い間、一緒に過ごしたことがない。気まずいことになりませんようにと願った。学校という場がある時は上手くいくけれど、そこから離れると共通点を見つけられなくて苦労する友達というのもいるのだ。

とうこちゃんがピアスの穴を開けた後、やっぱり共通の話題が見当たらなくて、二人とも無言で原宿の街を歩いた。すると、表参道で「ちょっと待っていて」と、とうこちゃんが言って、私を外で待たせて店に入っていった。九年生だった私にはちょっとハードルの高い、お姉さん風の洒落たフランス雑貨の店だ。出て来た時、とうこちゃんの手にはシルクのリボンが結ばれた小さな袋があった。

「まどか、この間、誕生日だったでしょう。これ、私からのプレゼント」

袋の中にあったのは「オリーブ」で見た、あのフランス石鹸だった。パッケージに麦の穂が描いてある、オートミール石鹸だ。憧れの製品をもらって、私はびっくりした。こんなことをするなんて、とうこちゃんは本当にセンスがいいと思った。彼女と一緒だと場が持たないなんて考えていた自分が恥ずかしかった。

この後、私がなくしたのは石鹸ではなかった。高等部に上がって起きたある出来事のせいで、私はとうこちゃんという友達の方をなくしてしまうのだ。

No.7

「男の子《ボーイフレンド》と、もっと一緒にいたい！」（1986／8／3号）

1986年の「オリーブ」8月3日号の特集タイトルは「男の子《ボーイフレンド》と、もっと一緒にいたい！」。「大好きな男の子とは、できることなら毎日会いたいし、毎日会ってももっともっと会いたい！」という冒頭の文章から情熱的なボーイフレンド号だった。

表紙はチェッカーズで、外国人モデルとファッションページに一緒に映っているのも男子アイドルだ。「笑っていいとも！」で、いいとも青年隊の後にアシスタントの地位についた半熟隊の二人の男の子や、アイドルバンドのヒルビリー・バップスや東南西北のメンバーたち。正直、全員しっくりこない。

この頃は、「オリーブ」の世界観に合うような男性の芸能人を探すのは難しかったのかな、と思う。

後にフリッパーズ・ギターが載るようになった時はもう、私は「オリーブ」を買っていなかったけれど、九〇年代に「オリーブ」を読んでいる女の子には、うってつけの王子様だったということは理解出来る。

でも、十代の私にとって、「オリーブ」の誌面に載っている男の子は正直、雑誌のファンタジーを壊す邪魔な存在だった。前にも書いたが、「オリーブ」が載せる私立高校の人気者たちの雰囲気が好きになれなかったのだ。お小遣いをたっぷりもらっていて、スポーツが得意で、ちょっとお洒落でちょっと不良。そんな男の子たちが我が物顔で闊歩《かっぽ》している世界。そんなのは、現実の学校生活だけで充分だった。

私の学校でも、人気があるのはそういう男の子で、一番お洒落で人気があるグループの女の子たちと付き合って、学年のキングとクィーンのように振る舞っていた。

ボーイフレンド号に載っている男の子たちのアンケートを読んでも、ちっともピンとこない。好きなファッションはアニエスb.オムに古着のジーンズにK-Swissのスニーカー。趣味はビリヤードかジム通い。気になる女性は、後に君島十和子になるＪＪモデルの吉川十和子とキャンペーンモデル時代の鈴木保奈美。オリーブ少女から最も遠い女性像だ。

彼らのデートの待ち合わせ場所は、渋谷道玄坂の「PRIME」の二階のフード・コートが定番だと書いてある。「PRIME」は映画館のシネ・セゾンも入っていたから、人気のあるスポットだった。理想のデートは遊園地かスタジアムでスポーツ観戦。コンサートになると、洋楽ではなくて急に尾崎豊なんて名前が出てくる。

特集のグラビアでは、男の子と一緒に楽しめるスポットに青山のマニアックなレコードシヨップ、「パイド・パイパー・ハウス」が載っているというのに、このギャップは何だろう。デートの時に女の子に着てきて欲しいファッションとして、彼らが無難なアメリカンカジュアルを挙げているのも、気になった。

その前年の4月3日号の「オリーブ」では、オリーブ少女のデートにふさわしい格好として、大西厚樹が栗尾美恵子さんをスタイリングしていたけれど、シースルーレースがついた淡いブルーのトップスにプリントのサーキュラースカート、銀の星のブローチをつけた透ける素材の帽子とデコラティブなスタイルだった。横浜でのデートをイメージしたファッションページで、水玉の服を重ね着した栗尾さんを見て、デートってこんなに満艦飾のお洒落をしていかなくてはダメなのかとくらくらしたものだった。

とにかく、「オリーブ」のファンタジーと現実の十代の恋愛は違う。中等部二年生に当たる八年生の時に、初恋でちょっと痛い目に遭った15歳の私は、そのことをちゃんと分かっているつもりだった。だから高等部に上がる時も、男の子との出会いは期待していなかった。ところが、大好きなMILKの若草色のサーキュラースカートをはいて出席した入学式の後、一人の男の子と目が合ってしまったのだ。

ボストンメガネをかけたハンサムな先輩で、当時ちょっと人気があった俳優の湯江健幸に似ている。湯江健幸も「オリーブ」によく載るアイドルだった。

中庭で目が合った瞬間、私は思わずにっこり微笑んだ。彼もにっこり笑って、私に近づいてきて言った。

「君、天文部に入らない？」

結局私は天文部には入らなかったけれど、その時に目が合った一つ上のその先輩とは、廊下や中庭で会うと話す仲になった。

河村先輩はいつもボタンダウンのシャツかポロシャツを着て、肩にコットンセーターをかけていた。きれいに磨いたローファーを履いていて、K-Swissは「欲しかったけれど、誰も彼もが履くようになって嫌になった」と言っていた。生徒会に入っていて、テニス部の副部長だった。

演劇部に入っている私とは全然違うタイプの男子で、そんな上級生が私に構ってくれるのは、とても新鮮だった。

雨が降った五月のある日。

廊下で傘を持っている河村先輩を見かけた私は、「傘を忘れちゃったから、よかったら帰る時に入れていってね」と気軽に頼んだ。それから一時間ほど経って、図書室で友達と話しているところに先輩が迎えにきたので、少し驚いた。彼はもうとっくに帰っていると思っていたのだ。

雨は止みかけていて、空は明るくなっていた。私たちは、雨なんか降っていないのに、ひとつの傘に入って井の頭公園を歩いた。出口に差しかかった頃に、河村先輩が別の上級生の名前を出して言った。

「あいつがさ、君を映画に誘えって言うんだよ」

そんな風に男子に告白されたことのない私はどぎまぎしてしまった。

翌日の休み時間、私のクラスにテニス部の部長が「河村の彼女」を見にやってきた。私はお腹が空いて早弁をしている最中だった。

私は今でも、河村先輩がどうして私を好きになったのか、さっぱり分からない。付き合い始めてみたら、私たちは違うところばかりで、話が全然合わなかった。私が好きなお芝居や本に関して、先輩はまったく興味を持ってくれようとしなかった。

それに、「テニス部の大事な試合があるから、俺の大事な人にお守りにこれを持っていて欲しい」などと言って、十字架のペンダントを渡そうとするのだ。

「そんな恥ずかしいことを言う人なんて、クサいドラマか少女マンガの中にしか存在しないと思ってた」

私はペンダントを突き返した。

河村先輩が私の長い髪が好きだと言って、電話口でサザンの曲を聞かせようとしたので、髪を切ってしまった。きれいなロングヘアーじゃなくても私のことが好きなのか試したい。私は先輩にどんどん意地悪になっていった。

「私は彼のことをそんなに好きではないけれど、向こうが私のことを好きだから、その気持ちに応えて、きっと私もその内に好きになれると思う」

いい気になって友達にそんな風に先輩のことを話していた時、同級生のいづみちゃんがシリアスな顔をしてつかつかと私に近づいてきて言った。

「まどかはひどいよね。とうこちゃんが河村先輩のことがずっと好きだって知っていて、そんなことをするの？」

私はそう言われるまで、とうこちゃんと一緒にラブレターを渡しに行った上級生のことをすっかり忘れていた。あれは河村先輩だったのだ。

放課後、いづみちゃんの手引きでとうこちゃんに説明をすることになったが、話を知った女の子が何人も私たちを取り囲んでいて、まるで裁判のようだった。そんな状況では私が何を言っても悪者だ。

とうこちゃんは悲しい顔をしていたけれど、私は彼女がそういう顔をしていないといけないと思っているんじゃないか、と途中から疑い始めた。彼女が河村先輩を今でも本当に好きかどうか分からなかった。

気持ちがささくれてきて、面倒くさくなって「じゃあ先輩を呼ぶね」と私が言うと「やめて」と言ってとうこちゃんは机に突っ伏して泣き始めた。

私は罪悪感を覚えなくてはいけないのに、何だか何もかもが芝居がかって馬鹿みたいだとしか思えなかった。周囲の女の子たちもとうこちゃんに同情している訳ではなくて、ドラマティックな気分に浸りたいだけに見える。みんながとうこちゃんをなぐさめている中、私は教室を抜け出した。

その後、河村先輩と会ってとうこちゃんとのことを話すと、

「結局、誰かが傷つくんだよ」と彼はふっと笑った。

もう耐えられなかった。

引き潮の砂浜に立った時のように、ざらざらしたものが自分の足下で渦巻いて、誰かが作った凡庸なドラマに自分が巻き込まれていく感覚がした。みんな、高校という舞台で、決められた役を演じて、陳腐な台詞を喋っているだけなんだ。そんなの本当の自分の気持ちでもないのに。

それは「オリーブ」が誌面で作り上げたファンタジーとも違う、高校という場が生み出したまやかしの物語だった。

私は学校の中庭のベンチに腰掛けて、中等部の卒業式のことを思い出していた。数カ月前の出来事なのに、ずいぶん昔に思える。

「おめかし」をテーマにした「オリーブ」の1986年1月3・18日号のファッションペー

ジみたいなお洒落をした女の子が大勢いた。ツィードやニットの襟なしジャケットとお揃いのペンシルスカートのスーツにレースのブラウスを合わせて、造花のコサージュや模造パールのネックレスをつけている子や、フリルたっぷりのワンピースを着ている子。

私は原宿にある「ストリートオルガン」というお店で、ママに卒業式のための服を買ってもらった。三角屋根の可愛いブティックで、ちょっとカントリーテイストの入った少女っぽい服で知られていたブランドだ。

「聞いて、私の卒業式の服、ストリートオルガンなの！」

とうこちゃんに話すと、「私もストリートオルガンで買った！」とびっくりしていた。

どんな服を買ったか話し合っている内に、私たちは不安になってきた。ロングスカートと、短めのボレロと、襟の大きなブラウス。アイテムがまったく同じだったのだ。

（私たち、センスも似ているし、同じ服を買ってしまったのかもしれない）

ディテールまで細かく説明し合って、私のスカートは焦げ茶のアコーディオンプリーツでとうこちゃんのはベージュでエプロンつき、ボレロは私のものがニットで花の刺繡入り、とうこちゃんのはロープ飾りがついたコットン、ブラウスの襟は私がアンティークレースのついたフリルのもので、彼女のはすっきりしたデザインだということが分かった。

「間一髪！　被ってなくてよかった」

卒業式、私たちは二人とも髪に大きなリボンを結んで、お互いに可愛いねって褒め合った。

そういう思い出も、今回の茶番劇で台無しになってしまった。

戻れないなら、せめて一刻も早く大人になって、すぐにこの安っぽいティーンドラマから抜け出したい。高校生活の何もかもが、急に色褪せて見えた。

その後しばらくして、先輩とは電話でケンカして別れてしまった。あまりにも話が通じなくて、我慢が出来なくて、「もうダメだ！　別れよう！」と口に出して言ってしまったのだ。

私はすっきりしたけれど、翌朝学校に行くと、河村先輩の友達から冷たい目でにらまれた。私に電話を切られた後、先輩が真夜中に酔っぱらって色んな友達に電話をかけては泣きついていた、という話を後から聞いた。


16歳の夏、両親が離婚した。悲しくて嫌なことばかりの夏休みだった。

新学期になる少し前、別れて大分経つはずの河村先輩が電話をしてきて、私をプールに誘ってくれた。

私は春に買ったVIVA YOUの白いバルーン風のシルエットのショート・パンツにお気に入りのL'ESTのキャミソール、淡いピンクのニーハイソックスをはいて、東京体育館の屋内プールに出かけた。

「ビキニなんだ」

私の水着を見て、先輩がちょっと驚いた。中等部の時に買ったマドラス・チェックのビキニだ。中等部の時はセクシーかどうかなんて考えもせずに、ビキニの水着が着れた。それに私はやせっぽちだった。

「普通はビキニを着ると大人っぽく見えるものなんだけど、君だと何だか可愛らしいね」

彼は笑った。

プールの後は渋谷に出て、道玄坂の「PRIME」に行った。てっきり二階のフード・コートかと思ったら、先輩が行きたがったのは一階のバーだった。大人が一緒ならいざ知らず、高校生のカップルがそんなところに行くなんて、逆にダサくて恥ずかしい。私は断って、さっさと井の頭線に乗って帰ってしまった。

それでデートは終わりだ。

高校時代、男の子と二人で出かけたことは他にもあるはずなのに、私はデートというと、この時のことをいつも思い出す。それは多分、すごく高校生らしいデートだったからだ。自分のことを特別だと思ってくれている男の子に見つめられて、それをこそばゆく感じながら、プールの底の青い色を見ていたのは、いいことなんか一つもない夏休みのキラキラした唯一の思い出だった。でも、そんなきらめきは続かない。

十月の終わりの文化祭の後、上手くいった演劇部の公演の後片付けで高揚している私のところに、「話があるんだ」と先輩がやってきた。

秋の陽はあっという間に落ちて、校舎はもう薄暗かった。廊下に立っている先輩のシルエットだけが見える。

「忙しいから、後にしてくれる」

つっけんどんに答えて、廊下を歩き出したら、河村先輩はついてきて行く手を阻もうとした。

「まだ好きなんだ」「あきらめがつかないんだけど」

みんなが見ている前でそんなことを言われて、私は恥ずかしくてどうにかなりそうになった。そのドラマに私を引き戻さないで欲しい。

「今更なに言っているの、もう全部終わっているの！」

思わず叫んだ。教室の飾り付けや中庭のステージのセットを解体していた子たちが、みんな振り返るくらいの大きな声で。

「誰かを好きになったのは、これが初めてだったのに」

先輩の影は私から離れていった。

私は、悲しかった夏休みに優しくしてくれた男の子に、そんな風に恥をかかせてはいけなかったのだ。本当に好きになれなくても、彼のことをもっと大事にすることは出来たはずだ。追いかけていって、ごめんなさいと謝りたい。

今の私ならそう思う。

そしてまた先輩と付き合えばいい。一緒に井の頭公園を歩いて下校して、吉祥寺のカフェでお喋りして、映画を見に行けばいい。告白された時に誘われたのに、私たちは一度も一緒に映画に行っていない。クリスマスにプレゼントを交換して、バレンタイン・デーにチョコレートを渡して、受験や卒業をきっかけに心が離れていく。そういう付き合いをすればいい。

本物のロマンスよりも、ささやかなティーンドラマの方が輝くことだってある。

初めて目が合った時やプールで感じたきらっとした瞬間は、はかないかもしれないけれど、気恥ずかしい台詞や行動とは違って、本当の気持ちなんだよ。それをフェイクだって決めつけるのだって、どこかで聞いたようなフレーズを口にしてしまうのと同じくらい恥ずかしい。

でも、16歳の私は、そんな言葉を聞く耳を持たない。うつむいて、スカートの端を両手でぎゅっとつかんで、暗い廊下に立ち尽くしている。

No.8

「オリーブ少女はパリ大好き!! リセエンヌにはまけないよ!」（1986／11／3号）

1986年の11月3日号の「オリーブ」の特集タイトルは「オリーブ少女はパリ大好き!! リセエンヌにはまけないよ!」。

表紙のモデルは黒い帽子、黒いコート、黒いタイツで、石畳の街でコミカルなポーズを取っている。「オリーブ」恒例のパリ特集だ。

オリーブ少女のイメージはフランスの女学生＝リセエンヌ。パリは「オリーブ」に欠かせないキーワードだった。

「オリーブ」はいつも、東京にパリ的な空間を見つけて、私たちに紹介してくれた。日仏学院の中庭にあるレストランの「ラ・ブラッセリー」や、原宿の表参道にあった「カフェ・ド・ロペ」。緑と白のストライプのひさしがお洒落な、表参道の「スタジオV」のカフェと花屋も、「オリーブ」の中のパリを感じさせてくれる場所だった。

でも、16歳の私は、駅のキオスクでその「オリーブ」を手にして、ため息をついた。

「何だ、今回はパリ特集なんだ。がっかりだな」

「オリーブ」が実際のパリでロケした写真には、正直、心惹かれなかったのだ。街並がグレイでくすんでいる。普段、「オリーブ」に載っている〝パリをイメージした写真〟の方がずっと素敵。それが正直な感想だった。

私が「オリーブ」を買い始めてから、高校を卒業して読むのをやめるまで、パリ特集は四回あったが、どの号も苦手だった。

初めて買ったパリ特集は、1984年11月3日号の「パリのリセエンヌはお菓子色に夢中！」。

撮影でフィーチャーされていたのは、当時の私と同じ14歳のレイラというリセエンヌだったが、彼女が団子鼻でどうも可愛くない。レイラのお洒落な友達というふれこみで登場する男の子たちも、みんな汚い格好をしていて、幻滅した。彼女が髪につけている、つまみの部分が貝の形をしたヘアクリップだけは可愛いと思ったけれど。その後、貝のヘアクリップはパリを感じさせるアクセサリーとして、日本でも流行した。

「ほら、本当にパリに住んでいる子たちは、誰もブランド物の服なんか着ていないじゃない。それに、そんなにお洒落でもないわよ」

ママは、私が読んでいる「オリーブ」を取り上げてそう言った。おとぎ話の夢が壊されたかのようで、少し寂しかった。

16歳になってから読んだこの号の感想も、似たようなものだった。スナップで見るパリの女学生たちは、みんな素足にローファー、チノパン、Vネックのセーターにポロシャツとアメカジ志向なのに、ファッショングラビアでモデルが身につけているのはトリコロールの服。動物の耳のように二つお団子を結った髪型も、デニムに造花のコサージュを組み合わせたコーディネートも「オリーブ」らしいけれど、大人っぽいパリの街には何故か似合わない。

私が夢見ているパリは「オリーブ」が作ったファンタジーで、実際のパリとは大分違うんだな。「オリーブ」のパリ特集を見るたびにそう思った。でも、パリ的なものに対する憧れがまったく消え去ったわけではない。

「フランスのものはシックで、洒落ていて、ちょっと大人で、アメリカのものよりも素敵!」そんな感覚は自分の中にずっとあった。アニエスb.が日本に上陸した時はそわそわした。学校の女の子たちがこぞってスナップカーディガンを買っていたので、別のアイテムが欲しくて、大人っぽいジャージー素材のロングタイトスカートをママにねだって買ってもらった。

初めてシャルロット・ゲンズブールの写真を見たのも「オリーブ」だった。少したれ目の親しみやすいルックスと、不思議にアンニュイな雰囲気が、私が思い描くパリの女の子のイメージにぴったりだ。

私は小説でも映画でも、フランスの若い女の子が背伸びをして、年上の男性と恋に落ちるストーリーが大好きだった。15歳の時は、マルグリット・デュラスの『愛人《ラマン》』が愛読書だった。私が「オリーブ」を読んでいた頃、背伸びしている女の子の間ではマルグリット・デュラスを読むのが流行っていたのだ。

『愛人』はデュラスの若き日の姿である15歳のフランス人少女が、資産家の息子である中国人の青年と仏領時代のインドシナで情事を重ねる物語だ。15歳の私が『愛人』に見いだしたのは、自分が置かれている状況や家族をめぐる問題から脱出するため、復讐の糸口を探して年上の男に抱かれる少女の姿だった。不思議だけどこの主人公の少女の感覚は全部分かると思った。

十一年生の終わり頃、「オリーブ」が山田詠美の「放課後の音符《キイノート》」の連載を始めた。そこにも、年上の男性と恋に落ちる少女が出てきた。

あの連載はセクシー過ぎてちょっと苦手、という子もいたけれど、私は「こういう感じは分かるよ」と言いながら読んでいた。

17歳の私は、年齢が離れた男性と付き合っていた。

同級生の誰よりも、自分は大人だと思っていた。

黒い服を着て、赤い口紅をつけて学校に来る大人っぽい子はいた。そんな風に表面的に大人ぶったって、彼女たちが付き合う男の子は同級生か、せいぜい大学生なのだ。横目で見て、密かに優越感を覚えていた。

だけど、相手の男性が私のことをステディな彼女だと思っていないことは、知っていた。一緒にいると、他に年相応の女性がいることをほのめかされた。傷ついたけど、だからって引き下がったりしないといつも相手をにらみつけた。

私は媚《こ》びたりしないいし、みっともなく背伸びをして口紅をひいてヒールの靴で彼に会いに行ったりしないと心に決めていた。生意気な言葉と剝き出しの若さで、きっとこちらを振り向かせてみせると思っていた。

電話をかけてもなかなか会ってもらえなかったけれど、呼び出されると白い縁取りの紺のセーターと焦げ茶のウールのプリーツミニスカートという、どこから見ても女子高生の姿で彼に会いに行った。

会ったこともなければ、今となっては実在したのかも分からない年上の女性と競って勝つこと、それ以上に相手の男性に勝つことばかりを考えていた。そういう駆け引きが、大人のやり方なんだと信じていた。

小娘をそばに置いておくのは、自分が勝てることが保証された優位なゲームが好きな男性だけ。そんなことには、気がつかなかった。

彼は大人で、大人とつきあっている私は、思春期のかっこわるい悩みやドラマをパスして、一足飛びに次の段階に行けるはずなのだ。その鍵を握っている彼を手放すまいと決めていた。

18歳の時に、私は彼とパリに行った。

ロンドンに語学留学している時に、彼が訪ねてくれたのだ。

週末を利用して二人でパリに行くことを決めた時は有頂天だった。大好きな人と、世界で一番ロマンティックな街に行くんだ。

「オリーブ」のパリ特集に毎回失望していたことも忘れて、私の心はときめいた。でも、行く前から暗雲が立ちこめている旅行だった。

ずっと彼に会いたいと思っていたのに、東京を離れ、ロンドンで会ってみると、二人の間に共通の会話が見いだせなかった。彼が旅行の手配を全て私に任せようとしていたことが分かった時は、愕然《がくぜん》とした。今まで海外の仕事で、現地の人と交流した話を散々聞かされていたはずではなかったか。彼は、コーディネーターが色んな手配をして、通訳をしてくれていたことを白状した。

私はまだ慣れない英語で、二人のために飛行機とホテルの予約を取った。パリは革命二〇〇周年とエッフェル塔建設一〇〇周年の記念のお祭りがあって大にぎわいで、ホテルをおさえるのは無理だと担当者に言われたが、旅行代理店の本店とまで交渉し、モンマルトルの小さなホテルに部屋を取ってもらった。

ぎくしゃくしながらも飛行機に乗り、パリで週末を過ごせばきっと仲直り出来る。そう思っていた私が甘かった。

パリに着いた初日の夜に、私はふられた。

それまでどんなことを言われても、されても泣かなかったのに、もっと大事にしている若い子がいると言われたら、我慢が出来なくて涙が溢れてきた。

それは真夜中で、もう部屋の電気を消した後だった。暗闇の中で私がしゃくり上げたら、彼はベッドサイドランプをつけて、私の顔を見た。彼の瞳が嬉しそうに輝いた。生意気でしつこい小娘を、ようやく完膚なきまでに叩きのめすことが出来たのだ。

私は何て人とパリに来てしまったんだろう。初めて私は彼が恐くなった。

それ以上に、自分が情けなかった。

それなのに私たちは、翌日すごすごと観光に出かけた。

自分をふった相手と過ごす、パリの週末旅行。街がどんなに美しくても、ワインがどんなにおいしくても関係ない。地獄のようだ。

花火の打ち上げ準備のため、エッフェル塔には昇れなかった。ルーブル美術館に行ったが、彼は美術に興味がなくて、どんな絵画も彫刻も素通りしていく。ヴェルサイユ宮殿に行った時は嬉しかったが、宮殿の可愛らしいディテールや、マリー・アントワネットの寝室、鏡の間を見て高揚した気持ちは、すぐにしぼんだ。

自分は失恋して、その失恋の相手とこんなところに来ている。幸せな気分になんかなってはいけないのだ。

私はずっとふてくされていることに決めた。

実際、何を見ても目の縁に涙がにじんだ。頰《ほお》や顎に涙が流れた跡はべたつき、肌がピリピリした。

更に悪いことに、乾燥した気候のせいで唇の皮が剝《む》けはじめた。なめてごまかそうとすると腫れはひどくなり、そのうちにパンパンにふくれた。慣れない外国で薬局を探してリップクリームを買う気力は、私には残されていなかった。

旅の最後の方には目がつぶれてショボショボになり、唇はめくれて血が吹き出し、土偶か楳図かずおの『赤んぼう少女』か、という容貌になってきた。顔も心もヒリヒリ痛かった。

真夜中、人がいっぱいの広場でエッフェル塔から上がる花火を腫れた顔で見上げながら、心から思った。

(パリなんか、大っきらい!!)

もちろん、今なら分かる。私が腹を立てて悲しかったのは、パリのせいじゃない。

パリはちっとも、悪くない。

セスナ機でロンドンに戻り、空港で気まずい別れをした後、私は薬局チェーンの boots に駆け込んで、リップクリームを買った。

そして、どんなにひどくひび割れた唇でも手入れすれば元に戻るように、手ひどい失恋からも人は立ち直るのだということを知った。

私は二度と背伸びの恋はしないと誓った。

（今度付き合う男の子は、自分の気持ちを偽ったり、意地をはったりしないで済む相手がいい）

学校で起こる恋愛のいざこざが嫌で、陳腐な関係に陥った自分は、充分に思慮の浅い子供で、本当にダサかった。それに、本当に素敵な大人の男性は、十代の子になんか振り向かない。同年代で、一緒につまずいて、不安を共有して、成長していける男の子と付き合いたい。

自分が子供だと気がつくことで、私はようやく、ほんの少しだけ成長できた気がした。


数年前、『17歳の肖像』という映画を見た。英国のジャーナリスト、リン・バーバーの自伝的な作品である。

年上の男性に見初められた女学生が、彼と一緒にパリに行く話だ。ヒロインはその男性が見せてくれる大人の世界に惹かれ、学校を辞めて彼について行く決心をするが、苦い結末が待っている。

映画を見た後、リン・バーバーの原作を買って、原書で読んだ。彼と別れた後の心理について、バーバーはこう書いている。

「私がサイモンから得たものは何だろう？　『教育』だ。私の両親がいつも私に施したいと願っていたものだ。サイモンと過ごした二年間で様々なことを学んだ。私は一流レストランや豪華なホテルや外国旅行について学び、骨董やベルイマンの映画やクラシック音楽について知った。そうしたことは全部オックスフォードに行った時に役に立った——私はレストランのメニューが理解できたし、フィンガー・ボウルの使い方も知っていたし、オペラにもついていけたので、まったくの田舎者という訳ではなかった。でもそんなことよりもっと大きなボーナスがあった。サイモンは、洗練されたものに対する私の渇望を消し去った。オックスフォードに行った時に私が出会いたいと願っていたのは、優しくて、礼儀正しくて、私と同じ年代の普通の男の子たちだった。不器用だろうが童貞だろうが構わなかった」

私がパリで経験したことは、きっと沢山の少女が通り過ぎていく物語で、特別なものではないのだろう。

皮肉なことに悲惨なパリ旅行の後、雑誌で見るパリが急に輝いて見えてきた。

「オリーブ」で見て幻滅した灰色の街が、二十代のはじめで読んだ「フィガロ・ジャポン」のパリ特集では素敵な大人の場所に見える。私はパリで蚤《のみ》の市《いち》やマルシェに行かなかったことを後悔した。いつかまた行くことがあったら、トリュフォーの『恋のエチュード』に出てくるロダン美術館の庭園を歩きたいと、雑誌のページをめくりながら憧れのため息をついた。

私はずいぶん長い間、その「フィガロ」のパリ特集を取っておいていた。

その頃の「フィガロ・ジャポン」の編集長が、「オリーブ」のリセエンヌ賛美体制を作った蝦名芳弘だと知ったのは、つい最近のことだ。

時々、たった一度きりの私のパリ旅行のことを思い出す時がある。

ふられる前夜、パリに着いたばかりの私たちは凱旋門の近くでカフェに入り、テラス席に座った。全然読めないフランス語のメニューからシトラスのシャーベットを選んで注文したが、出て来たのはガラスの器に入れられた凍ったレモンだった。これはどうすればいいのだろう、このまま齧《かじ》るのだろうかと迷ってスプーンでつついていたら、見かねたギャルソンがやってきて、レモンの葉のとこをつまんで、蓋を開けた。

レモンそのものがシャーベットの器になっていたのだ。

「パリは素敵な街ね」

私は大急ぎでシャーベットを食べながら、失敗の照れ隠しで彼に言った。

「今度来る時は、絶対に私、本当に好きな人と一緒に来よう」

いつもの生意気から出た言葉だったけど、彼はちょっと傷ついた顔をした。

本当にイヤな子だったと思う。ふられても仕方なかったのかも。

でも、彼がその時に何を思っていたかなんて、関係ない。

私は自分にした約束を守らなければならない。今度パリに行く時は、私は心から愛する人と一緒だ。その日までパリは無傷のまま、少女の憧れの街としてキラキラ輝いて私の中にある。

No.9

「オリーブ少女は、映画に夢中！」（１９８６／12／18号）

「オリーブ」の１９８６年12月18日号の特集は「オリーブ少女は、映画に夢中！」。最初のファッショングラビアのテーマは、マリリン・モンローだ。マリリンに憧れたティーンの女の子たちが彼女の真似をするというストーリー仕立てになっていて、赤い口紅や初期のマリリンがしていたという三つ編みスタイルで、少女らしいセクシーさを演出していた。不潔な感じが全然なくて、「オリーブ」らしいのが嬉しかった。

この号に限らず、「オリーブ」には新旧映画の「コスプレ」ともいえるようなファッショングラビアが数多く存在する。

私が買い始める前も、『モーリス』や『アナザー・カントリー』といった英国のボーディングスクールを舞台にした映画のチルドレンセーターの着こなしを参考にしたり、ヌーヴェル・ヴァーグ時代のフランス映画の真似をしたページがあった。「オリーブ」のファッションページを介して、私が知った映画も多い。この映画号でも、テレンス・マリックの『天国の日々』に出てくるカンパーニュ風のファッションと編み上げブーツ、『ミツバチのささやき』を意識したステンカラーコート、『刑事ジョン・ブック 目撃者』に出てくるアーミッシュファッションと、「映画コスプレ」精神は健在だ。

私は「オリーブ」の映画コーナーではなく、そんなファッションページで映画の作品名をチェックすることが多かった。当時の「オリーブ」の映画コーナーは主にＹＡ（ヤングアダルト）スターと呼ばれていた新世代のハリウッドの若手俳優が活躍する青春映画を扱っていたからだ。

十代の私は気取り屋だったので、そういう作品はアイドル映画だと決めつけて、わざわざ映画館に観に行く必要はないと思っていた。いま考えると、愚かだと思う。

でも、そんな私でも気になる同年代の女優はいた。ジョン・ヒューズの映画でいつもヒロインを演じていたモリー・リングウォルドだ。「オリーブ」で彼女主演の映画『素敵な片想い』が紹介されたのを見て以来、私はモリーの映画が観たくてたまらなかった。スチールで見る彼女のファッションは、女の子らしいのにどこかパンクな味つけがあって、鋭いと思っていた。本国でも彼女は、今で言うところの「ファッションアイコン」的な存在だった。彼女のファッションを真似た「リングレッツ」と呼ばれるティーンの少女たちも出現して、社会現象にまでなっていた。

この号にも、『プリティ・イン・ピンク』の彼女にオマージュを捧げたファッションページがある。

「いま、いちばんキラキラしているスター、といえば、なんてったって、モリー・リングウォルド（18才）！」

「この映画（プリティ・イン・ピンク）でみせてくれるモリーのおしゃれが、またとってもかわいいいんです！」

帽子に花のコサージュ、花柄のデニムパンツ、タイツやソックスを重ねばきしてショートブーツに合わせたコーディネート。『プリティ・イン・ピンク』のファッションは、「オリーブ」にぴったりだった。そして、この映画から「オリーブ」の読者が学んだのは、スタイリングのセンスだけではなかった。

「モリーのおしゃれで、まず初めにいっておきたいのは、おしゃれしたい気持ちは人一倍強いのに、お小遣いには限りがあるということ。これは、オリーブ少女にもあてはまることですね。だから、モリーのおしゃれの基本はチープ・シック！　古着が大活躍します」

チープ・シックとは、カテリーヌ・ミリネアとキャロル・トロイが七〇年代に提唱したファッションに関する哲学だ。流行に合わせて次々に服を買うのではなく、定番のものにスポーツウェアや古着などを合わせて賢くお洒落する。そのスタイルを紹介した『チープ・シック　お金をかけないでシックに着こなす法』（草思社）は、片岡義男の翻訳で日本でも発売されている。

私は「オリーブ」を通してチープ・シックという言葉を知ったが、高価なDCブランドが並ぶファッションページとは不似合いに感じられて、最初はピンと来なかった。でも、モリー・リングウォルドのファッションを見て、ようやく言葉の意味が分かった気がした。

気取り屋のティーンだった私は、アメリカの若手俳優が活躍する青春映画や学園コメディを観ずに、何を映画館で観ていたのだろう？

八〇年代はミニシアターが流行っていた時代だ。「オリーブ」の映画号にも、洒落たヨーロッパ映画やアメリカのインディ作品をかける小さな映画館が紹介されている。当時は背伸びして、ミニシアターに行くのが好きだった。新宿の歌舞伎町や有楽町の大きな映画館でハリウッドのアクション大作やコメディを観るのとは違う。ちょっとだけ、自分が文化的に洗練されているような気分に浸れた。

「オリーブ」の特集で紹介されたミニシアターの、ほとんど全てに思い出がある。

渋谷のシネマ・ライズは１９８６年に開館したばかりだった。夏頃から、「オリーブ」を含む多くの雑誌でその話題の新しい映画館で『ドリームチャイルド』という映画がかかるという告知が出始めて、私はワクワクしていた。「不思議の国のアリス」の少女のモデルになった、アリス・リデルが老女になってルイス・キャロルとの思い出を振り返るという作品らしい。

しかし、「オリーブ」に載った映画のスチールを見ながらずっと楽しみにしているのに、いつまでたっても『ドリームチャイルド』は公開されず、夏が過ぎて秋になってしまった。その前にかかっていた『ホテル・ニューハンプシャー』が大ヒットして、ロングランとなったため、公開が延期されたのだ。

渋谷に行ってシネマ・ライズの前を通りかかった時、いつまで経っても上映中のコーナーに貼られている『ホテル・ニューハンプシャー』のポスターに腹を立てて、逆に劇場に入って映画を観てやろうという気持ちになった。

『ホテル・ニューハンプシャー』はすごくいい映画だったので、私はシネマ・ライズで二回観た。遅れて上映された『ドリームチャイルド』も二回観に行った。一度目は一人で、二度目はママと一緒に。ふらりと映画館に行って、映画を観ることが楽しくなってきた。

同じ渋谷のシネ・セゾンにも、16歳の冬の寒い日、一人で『ソナチネ』というカナダ映画を観に行った。それぞれに問題と孤独を抱えている二人の少女の物語で、最後に彼女たちは学校の医務室から大量の睡眠薬を盗み出し、「誰も止めなければ、私たちは死んでしまう」というプラカードを掲げて街に飛び出していく。後で同じ映画を観たなつめちゃんと、あの子たちの気持ち、よく分かるよねと打ち明けあった。

中学の時の友達のなつめちゃんは、七年生の時に一緒に『ウォー・ゲーム』を観に行って以来、度々映画やお芝居を観に行く仲で、彼女が別の高校に行ってからもそれは続いていた。

十一年生の冬には、銀座のシネ・スウィッチのこけら落としになった『あなたがいたら／少女リンダ』を一緒に観に行っている。「オリーブ」で紹介されていて、気になっていた映画だった。

五〇年代の英国の田舎が舞台の青春映画で、「オリーブ」の記事にはヒロインが着ている素朴な花柄ワンピースのファッションが素敵だと書いてあったけれど、内容はもっとシビアで胸に突き刺さった。家族に理解されない不良少女が自暴自棄の行動を繰り返す物語が痛かった。隣の席ではなつめちゃんのすすり泣きが聞こえたけれど、私はつっぱって「こんな話では泣かない」とくちびるを噛んだ。でも本当はいつだって、この映画のリンダみたいに、スクリーンの中に自分が心を寄せられるような少女のヒロインを探していた。

そしてヒロインと共に、私のスタイルアイコンになるような女優を探していたのだと思う。女性には誰でも、この人は特別と思えるような女優がいる。大好きで、憧れているだけではなく、すごく身近に感じられる存在だ。彼女の真似がしたくなる。映画でその女優が演じている役柄のキャラクターや、ふとした仕草や、ファッションまで。

アイコンといえば、「オリーブ」の読者でシャルロット・ゲンズブールに思い入れのある女性は多い。歌手のセルジュ・ゲンズブールとジェーン・バーキンの娘で、ボーダーシャツがよく似合っていた。実際に彼女が好きなのは、私が高校を卒業した時期から「オリーブ」

を読み始めた世代だと思う。彼女の代表作『なまいきシャルロット』が本国で公開されて、「オリーブ」で彼女の存在や歌手活動が紹介されたのは1985年頃だったが、『なまいきシャルロット』の日本での公開が、1989年と出遅れたからだ。「オリーブ少女」のイメージとボーダーシャツが切っても切れない関係になるのは、九〇年代に入ってからである。

シャルロット・ゲンズブールのママであるジェーン・バーキンを始めとする、六〇年代のフランス映画の女優たちも「オリーブ」的なファッションアイコンだとされている。私が読んでいた時も、もちろん彼女たちのコーディネートは取り上げられていたけれど、やはり本当のブームは六〇年代の映画が「お洒落」という文脈で新たにスポットを当てられて、ミニシアターでリバイバル上映されるようになった九〇年代だ。

1993年の夏の渋谷では、シネ・セゾンで『バーバレラ』が、パルコのスペース・パート3（現シネ・クイント）で『唇からナイフ』が、シードホールで幻の映画といわれていた『ジョアンナ』がかかっていた。

私もボーイフレンドと『ジョアンナ』を観に行ったが、田舎から出てきたヒロインがお洋服をとっかえひっかえしながら恋の冒険をするこのチャーミングな作品は弛緩したところがあって、STUSSYのTシャツを着たスケボー少年とヴァネッサ・パラディそっくりのファッションの少女のカップルたちが、劇場でばたばた倒れて深い眠りにつくのを目撃した。私も途中で一度気絶している。

そんな六〇年代の映画のヒロインでも、別格なのが、ジャン＝リュック・ゴダール監督のミューズだったアンナ・カリーナだ。

つけまつげが印象的なキュートなルックス、コケティッシュでミステリアスな仕草、そして高級なモードなんか着ていないのに、いつも素敵なファッション。ゴダールの映画のアンナ・カリーナは本当に魅力的だった。私が読んでいた頃の「オリーブ」でも盛んに取り上げられていた女優の一人だが、彼女は私のスタイルアイコンにはなりえなかった。

何故なら、彼女は私のママのスタイルアイコンだったからだ。

ママはフランス映画が大好きだった。特にヌーヴェル・ヴァーグの監督の作品が好きで、ゴダールはお気に入りの映画作家だった。東京で『メイド・イン・USA』が公開された時は、白いビニール素材のコートとお揃いのブーツで初日の列に並んだという。

『女は女である』も『気狂いピエロ』も『男と女のいる舗道』もみんな、私は「ママのお気に入りの映画」として観ていた。

『気狂いピエロ』が深夜テレビでかかった時は、「見て！ アンナの着ている赤いボーダーのTシャツのワンピース、可愛いでしょ！」「〝いつまでも愛するとは言わなかった〟を歌うこのシーン、素晴らしいのよ！」「あの犬の形のハンドバッグ、私も欲しいわ！」という隣で見ているママの感嘆ばかりが心に残った。

ルックスはアンナ・カリーナと似ていなかったけれど、美人で、「生意気だけど無視出来ない」と男性が思うようなチャーミングさを心得ている、そんなところはママと彼女は共通していたかもしれない。

「ママだってうぬぼれ屋じゃないから、アヌーク・エーメを見て昔の私はこんなにきれいだったなんて言わない。でも、アンナ・カリーナを見ると、若い時の私もこうだった、彼女は私そのものだって思えるの」

ママがそう言うのを、十代の私は半分うんざりしながら聞いていた。

ママは『女は女である』のアンナに憧れていたのに、赤いタイツをはかなかった自分を後悔していた。

「もう大人だから自分には似合わないと決めつけてしまったの。いい、あなたははきたかったら、いくつになっても赤いタイツをはくのよ」

私はアンナ・カリーナとゴダールはママに譲って、「ヌーヴェル・ヴァーグだったらルイ・マルの『鬼火』とクロード・シャブロルの『いとこ同士』が好き」という渋好みのティーンになっていった。


一方、17歳の時に私が見つけたスタイル・アイコンは恥ずかしくなるほど王道だ。

オードリー・ヘプバーン。

17歳の夏、オードリーが『ローマの休日』で着ていたのとそっくりのサーキュラースカートを見つけた。

オードリーが身につけていた無地のものと違って水色のタータンチェックだったけれど、構わなかった。このスカートを買った時、私はこれに合う、完璧な開襟のシャツブラウスを見つけなければいけないと思った。

川本三郎の『忘れられた女神たち』という本や、「オリーブ」の仲世朝子のイラストエッセイの「のんちゃんジャーナル」で、『ローマの休日』や『麗しのサブリナ』でオードリー・ヘプバーンのスタイリングを手がけたイーディス・ヘッドの存在を知ったばかりの頃だ。色数を抑え、シンプルなシルエットに徹し、かつエレガントに、シックに決めるというイーディス・ヘッドのファッション哲学と、その最高の体現者であるオードリー・ヘプバーンを知って、私の着る服は、それまでよりほんの少し大人っぽいものになった。

しかし、完璧なスカートに合わせる、完璧なシャツブラウスを探すのは至難の業だった。私は東京のブティックをさまよい歩いた。生地が化繊で気に入らなかったり、余計なレースがついていたり、白ではなくてアイボリーだったり。シンプルなアイテムほど、探すのが難しいと知ったのはこの時だ。デパートも含め、渋谷で七軒、原宿で五軒、代官山で三軒、新宿で六軒。一日でそれだけブティックを訪ね歩き、シャツブラウスのコーナーを全部見たけど、見つからない。翌日、私は熱を出して学校を休んだ。

学校を休んだ翌日、ようやく私は吉祥寺で念願のブラウスを見つけた。開襟というよりはへちま襟に近かったし、希望していた短いキャップスリーブではなく長袖だったけれど、今まで見た中では一番理想の形に近い。私は映画のオードリーのように袖をまくりあげて、そのブラウスを着た。憧れに、少し近づいた気持ちがした。

今、東京には私がママとエリック・ロメールの『満月の夜』を観に行った六本木のシネヴィヴァンも、なつめちゃんとジョン・セイルズの『ブラザー・フロム・アナザー・プラネット』を観た吉祥寺のバウスシアターも残っていない。学校の最寄り駅にあったバウスは、私にとっては思い入れの強い場所だった。初めて高校をサボって、ここのサブシアターのジャヴ50でマルグリット・デュラスの『ヴェネチア時代の彼女の名前』を観た雨の午後を私は忘れない。

映画館は消えたけれど、オードリーのブラウスを探して街をさまよっていた私は、今でも東京のどこかにいる感じがする。

No.10

「卒業しても、オリーブ少女ね！　栗尾美恵子さん」（1987／3／3号）

「今日、小田急線でエミリちゃんが、栗尾美恵子さんを見かけたって」

九年生の冬、教室でそんな声が聞こえて、私は振り向いた。

「え、実物の栗尾さん、どうだったって？　やっぱり可愛かった？」

私はドキドキしてその子に聞いたが、返ってきた答えは冷たかった。

「そんなに可愛くもなければ、お洒落でもなかったらしいよ。PERSON'S のトレーナーを着ていたけれど、それも何だか似合っていなかったってエミリちゃんが言っていた。一緒にいた友達も地味で、がっかりしたんだって！」

私は個人的な知り合いでもなければ、栗尾さんの熱心なファンとも言えなかったけれど、彼女を擁護したい気分になった。

「栗尾さんはそれでいいんだよ。あの人が学校で一番派手なグループにいたら、それこそがっかりしちゃうな」

でも、口に出しては言わなかった。

栗尾美恵子さんは、「オリーブ」初の専属モデルだ。「オリーブ」のファッションページは、外国人の可愛らしいモデルで占められていて、日本人のモデルは滅多に出てこない。そんな中で、唯一レギュラーの日本人モデルである栗尾さんは目立っていた。しかも彼女は事務所に所属しているプロのモデルではなく、「オリーブ」がストリートスナップで発掘してきた素人なのだ。

栗尾さんが「オリーブ」に初登場した回はよく覚えている。だって、その号は私が八年生になる時に、初めて読んだ「オリーブ」だったから。

「通学に、どんなおしゃれをしているのかな」という制服のない学校に通う女の子たちのファッションを紹介するスナップの特集で、栗尾さんは水色のトレーナーの上に白と水色のカーディガン、グレイのミニスカートというスタイルで写真に写っていた。

「栗尾美恵子（14才）」という名前の横のキャプションには、「カーディガンとトレーナー、どちらもスキーのイラスト入り。見事なコーディネートに拍手です。成城学園では、水泳部に所属」と書いてある。

扱いは大きかったけれど、私は正直、その特集に出ている女の子の中で彼女が一番素敵だとは思わなかった。もっとセンスのいい女の子が他にいた。

色白で、おっとりとしていて可愛らしい雰囲気はあったけれど、特にお洒落ではない。それが栗尾さんの第一印象だった。だから、彼女が「オリーブ」に載り始めた時も、さほど気には留めなかった。

私が、そして周囲で「オリーブ」を読んでいる女の子たちのみんなが本当に彼女を気にし始めたのは、1984年10月3日号のショートカットの特集からだ。

栗尾さんが美容室「CLIP」で長い髪を短く切って変身した時のインパクトは、前に述べた通りだ。でも私は、その特集で生まれ変わった栗尾さん以上に、美容室の前で所在なげに立っている変身前の彼女の方が気になった。ちょっと内股気味のところが、内気な性格を物語っているかのようだ。

私服のキュロットとブラウスだって、相変わらずお洒落じゃない。お母さんが買ってきた「いい子」の服を、そのまま黙って着ているみたいだ。

でも、「オリーブ」のモノクロのアンケートページや、泉麻人や酒井順子が受け持っていた連載「オリーブ少女の面接時間」に出てくる他の私立の女子高生と違って、とても素直で性格が良さそう。夜遊びや社交が得意な洗練された女の子じゃなくて、こういう感じが本当の「お嬢さん」なんだな、と私は思った。

まっさらで、道を踏み外したりしない、育ちのいい女の子。それは「オリーブ」という雑誌のヒロインにぴったりだった。

髪を切ってから栗尾さんはみるみる内に垢抜けて、どんどんきれいになっていったけれど、内気そうな雰囲気はずっとそのままだった。モデルとしてプロになる気も、全然なさそうだ。「オリーブ」のファッションページや企画だけで活躍する栗尾さんは、「オリーブ」という雑誌のファンタジーに守られていた。

「オリーブ」のレギュラーだった頃、栗尾さんが他に出た数少ない雑誌が、15歳の私が関わった「活人」だ。

「夢見る発光体　'86年型のニュー・アイドルたち」という特集ページで、斉藤由貴や鷲尾いさ子、レベッカのNOKKOに混じって栗尾さんのグラビアとプロフィールが載っている。

グラビアで着ている水色のセータードレスと白いタイツ、水玉模様のパンプスというスタイルは当時のカフェバーで遊んでいそうな女子大生風で、かならずしも栗尾さんに似合っているとは言えなかったけれど、思いがけないところで学校の先輩を見つけたような気持ちがして、私は嬉しかった。

彼女につけられたタイトルは「清らかなザ・オリーブ少女」。プロフィール欄には「(「オリーブ」のモデルになることに)家の人は反対だったけれど、編集部の人の日夜の説得で、しぶしぶOK」「〝普通〟というコトバを超えて透明にさえ見えるほどごくごく普通の女のコ。将来も、ハデな仕事につく気はサラサラなく、モデルを続けていくかどうかも分からないという」と書いてある。

彼女のインタビューを基に構成したと思しき「少女K」の日常を描く文からうかがえるのは、私が想像した通りの「栗尾さん」だった。

月に一度のモデルの仕事がある時以外は、街に遊びに行ったりせず、日曜日も家にいる。ディスコにもゲームセンターにも行ったことがない。門限は午後七時。部活帰りに友達とお喋りしていて、一度だけ間に合わなかったら、航空会社に勤務しているお父さんが怒って、長い間、家に入れてもらえなかった。家が厳しくて無理に地味にしているのではなく、そうしていることが自然で、

「体質的にも、ハデなことや背伸びびって、苦手」

将来の夢は、スチュワーデスになること。これは「オリーブ」でも彼女がくり返し語っていたことだ。

「少女Kは、今、なんにも悩みがない。このままずっとジミにしていたいと思ってる。そして将来の夢がかなったら、もう世界一シアワセな女の子だと思う」

彼女について書かれた文章の、この最後のフレーズは、何故だか私の心にずっと残っていた。

外苑前の事務所に通った九年生の夏の成果として、私は「活人」を学校に持っていった。同級生の女の子たちに、雑誌のアンケートコーナーに協力してもらったので、そのページをみんなに見せたかったのだ。

休み時間、クラスの女の子たちが「活人」を回し読みしていると、雑誌を見ていたエミリちゃんが急に不機嫌な声を出した。

「ねえ、何でこの雑誌に栗尾美恵子なんかが載っているの⁉」

「オリーブ」以外の媒体に出ていることに違和感があるのかな、と最初は思ったけれど、どうもそういうことではなさそうだ。

本当はダサい一般人なのに、こんなに派手に宣伝されて、チヤホヤされるなんて許せない。エミリちゃんの声につられて、勝ち組グループの女子たちが、次々と栗尾さんの悪口を言い始めた。

栗尾さんのことを嫌いな人なんていないと思っていた私はびっくりした。

よく考えると、栗尾さんは同じ東京の私立に通う女子高生で、私たちとそんなに変わらない場所にいる少女だ。そんな風に近しいのに、同時に不可侵な存在でもある栗尾美恵子さんに嫉妬まじりの憎悪の視線を向ける女の子がいてもおかしくはない。

栗尾さんがプロのモデルで、芸能人だったら、もっと違ったかもしれない。

自分はきれいで可愛いと思っているタイプの同級生の女の子たちの、彼女に対する複雑な気持ちに、私はその時、初めて気がついた。私にとって栗尾さんはおとぎ話の主人公のような存在だったので、自分と比べてみるなんてそれまで考えもしなかった。

1987年3月3日号の「オリーブ少女の、定番《ベーシック》カタログ！」には、もうすぐ高校を卒業する栗尾さんのミニ特集があった。初めて「オリーブ」の誌面に登場したスナップショットから、あのショートカットの特集、パリの街角で撮った写真まで。思えば、「オリーブ」を読むようになってから、私はずっと栗尾さんの女の子としての成長を見ていたんだなあと感慨深かった。

三年前にショートカットにした髪の毛は、その後、ずいぶん伸びて、その号の栗尾さんは肩まで届く髪にゆるくウェーブをかけている。でも、伸び過ぎた前髪が目にかかっていた、不器用そうな三年前の女の子の面影はない。

仲良しの友達に囲まれた写真も、学校の体育祭で撮ったプライベートの集合写真でも、栗尾さんは他の子と比べて断然にきれいで、都会的だった。磨き抜かれた、プロの「普通の少女」がそこにいた。

特集ページの最後は、高校の卒業式をイメージしたファッション写真だ。

栗尾さんは髪をアップに結ってピンクのサテンのリボンでまとめ、大きなボウタイがついたフリルブラウスにハイウェストのベージュのプリーツスカートというスタイルだ。横向きの姿勢からカメラに顔を向けているポーズは、特集ページにも採録された、彼女がファッション・モデルとして初めて「オリーブ」に出た時のものと、偶然にも同じだ。でも顔立ちや表情は、全然違う。

栗尾さんは本当に「オリーブ」という雑誌を代表するのにふさわしい、洗練された佇まいを持つ女の子に変身を遂げていた。

だけど、それが「卒業式」の写真だということに、私はショックを受けた。栗尾さんは私よりもひとつ年上だけど、早生まれで学年はふたつ上だ。四月になれば、彼女は成城大学に進学する。そうか、栗尾さんは「オリーブ」も卒業するんだ。そう思うと、何だか切なかった。

同じ号のモノクロ・ページに、もうすぐ高校を卒業する女子高生たちが泉麻人を囲んで座談会をする企画があった。女の子たちが卒業式にどんなお洒落をしていくかという話題や、高校時代の恋愛の思い出を語っている。

「高校を卒業すると、おとなになるみたいな感じはありますか?」という泉麻人の質問に対して、出席者は一斉に「あります。卒業したくない」と答えている。

高校を卒業したら、チェックのミニスカートも、白いハイソックスもはけなくなる。

「白いハイソックスをクローゼットの引き出しひとつぶん持っているのに」

とひとりの女の子が嘆いていた。

大人になって手に入れられる自由よりも、白いハイソックスを手放すことの方がずっと大きいかのようだ。

その頃は私も、高校を卒業して二十代になる自分のことは、想像出来なかった。高校を卒業したら、当然「オリーブ」だって読まなくなるはずだ。そしたら、どんな雑誌を読めばいいのだろう。「an・an」を読めばいいのだろうか？　「ＪＪ」や「CanCam」みたいな女子大生雑誌だろうか？　どちらも何だか違う気がした。

実際、二十代になってからは長いこと、自分にしっくりくる雑誌がなくて、読むものには苦労した。高校を卒業してからも、「オリーブ」を読み続けている人たちがいるのを知ったのは、大分後のことだ。それを聞いた時、私はとっさに「そんなズルいことが許されるの？」と口に出して言ってしまった。

あれは十代の「少女」のための雑誌で、「少女」じゃなくなった私は読む資格がないんだ。そう思って、楽園を後にするように、「オリーブ」から卒業して、自分の道を探ってきたのに。そんな気持ちだった。

でも、栗尾さんが「オリーブ」を卒業する頃には、私の「オリーブ」熱も大分下がっていたというのが、正直なところだった。

もう3日と18日の発売日に、朝一番で駅のキオスクに駆け込んで「オリーブ」をぎゅっと抱きしめるようなことはなくなっていた。自分で買わずに、友達に見せてもらって済ませた号もある。

世間でもＤＣブランドのブームが去って、学生のファッションがアメリカンカジュアル一色になってきた頃だった。

前は吉祥寺の丸井のバーゲン初日に行くために試験を抜け出そうとしていた勝ち組の女子たちの間では、仲間内でお揃いのウィンドブレーカーやスタジアムジャンパーを作ることが流行り始めた。そんな流行に無縁の私でさえ、ラルフ・ローレンの白いポロシャツの襟を立てて、通学していた記憶がある。

「オリーブ」もチノパンツやボーダーシャツ、ボタンダウンといった定番のアイテムを推していたけれど、ジャケットやパンツはぶかっとしたオーバーサイズのものだったし、胸元に造花のコサージュをあしらったりしてしまうところが、良くも悪くも変わらず「オリーブ」っぽい感じだった。

それでもやっぱり、「オリーブ」を全然読まなくなるなんて、考えられなかった。

栗尾美恵子さんは、OGが高校の部活を訪れるように、その後一年間くらいはポツリポツリと「オリーブ」に登場して、やがて出てこなくなった。

栗尾さんと入れ替わるように、「オリーブ」の専属モデルになったのが、ハーフの二卵性双生児のティアとケリだ。

1987年6月3日号の「オリーブ」に初登場した14歳の二人は、Gジャンにキャミソール、膝丈のスウェットパンツに黒のハイカットスニーカーというスタイルを、難なく着こなしていた。髪をブレードにしてタイトにまとめたヘアスタイルや、プラム色の口紅といったヘアメイクも、エッジィで決まっている。シャープな輪郭と大きな瞳を持つティアと、たれ目に丸い鼻が愛らしいケリは、血統書付きの高級な猫みたいだった。すごく可愛かったけれど、栗尾さんのように身近な存在ではなく、彼女たちは最初からプロフェッショナルだったのだ。

私が久しぶりに栗尾美恵子さんを雑誌で見たのは、大学生になってからだ。「Spa!」の冒頭カラー・ページを飾る連載で、篠山紀信が栗尾さんを撮っていた。

私は知らなかったが、その前に栗尾さんは一般の女子大生として、篠山紀信が撮る「週刊朝日」の表紙の企画に採用されたことがあったらしい。その時の写真を見た彼女のファンから、「栗尾美恵子さんの魅力を分かっていない」と叩かれた篠山紀信によるリベンジのような企画で、22歳になった栗尾さんが「オリーブ」の頃以上に少女っぽい服を着させられて、ソフト・フォーカスの光の中で微笑んでいた。

写真は感心しなかったけれど、中森明夫さんのペンによる文を読んで、彼女が試験に合格して、大学を卒業したら日航のスチュワーデスになることを知った。

では、彼女は本当に夢を叶えて「世界一シアワセな女の子」になったんだ。おとぎ話のハッピーエンドがそこにあった。

ハッピーエンドを迎えた童話のヒロインたちのその後の人生が霞に包まれているのと同じ

ように、栗尾さんもどこか遠いところで幸せに生きているんだろうなあ、と時々思い出すような存在になるだろうと、その時は思った。ところが、その後の彼女の人生を、私たちは思いもかけないような形で知ることとなるのだ。

「オリーブ」を卒業した栗尾さんが私たちに教えてくれたのは、女の子の人生は18歳で終わりでも、22歳で終わりでもないという真実だった。

それこそが、十代の私がうっすらと感じていて、見たくないと思っていたものだ。「オリーブ少女」じゃなくなったら、私はどんな風に自由や憧れを見つけていけばいいのだろう？　そもそも大人の女性に自由や憧れなんてあるのだろうか？

二十代になることやその先のことを考えると、十代の頃はいつも不安になった。「オリーブ」は私に、18歳から先の人生を教えてはくれなかった。

No.11

「将来のこと、いま考える！」（1987／8／3号）

もう「オリーブ」に夢中とはいえない17歳の夏、私はどんな服を着ていただろう？

覚えているのは、ママと共用だった二枚の麻混のフレアスカートだ。まだ津森千里がデザイナーを務めていた時のI.S.のものである。紺と淡いサックスブルーのストライプのものと、紺と白のブロックチェックのもの。それに白いブラウスかキャミソールを合わせて、ママがスペインで買ってきてくれた彫金細工のイヤリングとブレスレットをつけるのが好きだった。

私はちょっと大人っぽい格好をしたい年頃だったが、その頃の「オリーブ」のファッションは、パニエでふくらませたスカートや、リボンやシュシュを使ったデコラティブなヘアアレンジ、お人形さんのようなスタイルのナイスクラップやCoup-de-piedといったDCブランドの服が中心で、私の好みからはちょっとズレていた。

だから1987年8月3日号の特集「ブラウスで、おとなの気分！」については、よく覚えていなかった。

当時、心に残ったのは、「将来のこと、いま考える！」という第二特集の方だ。

いつもは夢みたいなことばかり書いている「オリーブ」には珍しい、実用的な記事だった。インタビューで、様々な職業に携わる女性がどのようにして自分の夢を実現させたかを語っている。いかにも「オリーブ」らしいデザイナーやスタイリスト、モデルといったファッション関係の仕事や、作家や編集者といったマスコミ関係ばかりではなく、多岐にわたる職種が紹介されていた。会議通訳者、ツアーコンダクター、日本語教師、建築士、競艇選手なんて珍らしい職種も載っている。

メインは、自分のなりたい職業を考えて専門学校に進学した女の子たちの座談会だ。専門課程だけをおく専修学校、いわゆる専門学校が増えてきて、大学とは違う進学先の選択肢として注目されていた頃だった。

女性が携わる職業は多様化していて、いろんなチャンスがある。それに向けて勉強する道もある。指し示している方向性が具体的で、親切な特集だった。

でも私はその特集を「なんか、夢がないな」と思って見ていた。

どうしてだろう。

私にだって、大人になったらやりたいことはあった。

当時の小劇場のファンで、演劇部で脚本を書いていた私は、高校を卒業したら友達と劇団を結成して、脚本家兼演出家になりたいと夢見ていた。

出来れば、大学には行きたくなかった。

周囲のみんなにも夢は隠さなかった。15歳の時に一度本を書いて成功しているんだもの、きっと自分には文才があって、夢はすぐに叶うに違いないと思っていた。

私の身近な人で、私の才能を信じてくれなかったのはパパだけだった。

「15歳の時に君が本を書いて受けたのは、君が15歳だったからだ」とパパは言った。それは、猿が人間の真似をして芸当をするのと、あまり変わりがないというのが彼の持論だった。

「僕はね、将来君が〝本当の自分はアーティストなんだ〟って自分に言い聞かせながら、食べていけなくてアルバイトでウェイトレスをするような生活をおくって欲しくない。パパみたいに大学院に進学して、大学の研究者になるのが一番いいと思う。それがダメだったら、高校か中学の先生になりなさい。少なくとも、君が夢見ているような職業よりもずっと堅実でまともだから」

心配して言ってくれた言葉なのかもしれないけれど、私はそれを聞いてぞっとして、どんなことがあっても学校の先生にだけはなるまいと心に誓った。

でも、現実には夢を叶えるのはなかなか大変なことだった。

大学に入って間もなくして、15歳の時の仕事を知っている編集者からの推薦で、「朝日ジャーナル」という雑誌で私はライターとして働くことになった。読書欄の著者インタビューを担当することになったのである。やがてそこの編集者から紹介されて、他のビジネス誌でもインタビューを担当するようになった。とても順調なスタートだったが、私は複雑な気持ちだった。

ジャーナリストになりたい訳でも、ビジネス誌で仕事をしたい訳でもなかったけれど、仕事はそちらの方にどんどん傾いていく。

自分がこうしたい、と思っていることよりも、他人から、特にキャリアのある大人の編集者たちからこうした方がいいよ、と言われていることをやっていく方が、ずっと正しい選択なのかもしれない。そんな風に思うようになっていた。


大学を卒業する頃には、実用書のゴーストや、ティーン向けの本の企画、そしてビジネス誌の仕事でどうにかフリーのライターとしてやっていけるのではないかと確信するまでに至った。

私は家を出て、初めて自分のアパートを借りた。

壁に額装したジャック・タチの『僕の伯父さん』のポスターを飾り、棚にPetzやM&M'sのノベルティのコレクションとアナログレコードを並べ、ベッドルーム代わりのロフトには映画のフライヤーやモノクロ映画のスチールを貼ってコラージュした。典型的な九〇年代の女の子の一人暮らしの部屋だ。

最初の一年は義理の父のつてで出版社のアルバイトをしながら、大学の頃から継続していった雑誌の仕事を続け、いくつか新しい雑誌のレギュラーを獲得した後に、ライターだけでやっていく決心をした。

でも、二十代半ばになる頃には、自分の仕事がイヤになって、私は部屋で『さらば青春の光』をVHSテープで見ながらボロボロ泣いていた。

『さらば青春の光』は、ザ・フーが73年に発表したレコード・アルバムの『四重人格』を基にした映画で、六〇年代のモッズ少年たちの青春を描いた作品だ。ランブレッタやベスパのスクーターをカスタマイズして乗り回し、ミリタリーコートと細身のスーツというファッションに身を包んで、R&Bやスカ、六〇年代当時の英国バンドの音楽で踊ることを生き甲斐とした不良少年たち、それがモッズだ。

25歳の私は、映画の内容に泣いた訳ではない。こうした青春映画に心を寄せるには、自分はもう年を取り過ぎてしまったのではないかと思って涙が出たのだ。しかも、もう若いとはいえないのに、私は何ひとつ成し遂げていない。それが情けなかった。

何だか私は、すっかり夢をなくしてしまったようだった。

仕事が上手くいってなくて、お財布の中身が心もとない代わりに、二十代の私には時間だけがあった。その貴重な二十代の時間の大半を、私は中古レコード屋と古本屋に費やしてしまった。

二十代のはじめにキャロル・キングの『つづれおり』を聴いて以来、私はアメリカの六〇年代や七〇年代の音楽に取り憑かれていた。しかし、九〇年代はアナログレコードブームで、私が欲しいようなアルバムは高かった。私はプロデューサーやアレンジャー、バックミュージシャンのクレジットを読んで、高値のアナログレコードの代わりに、同じスタッフで作られたあまり知られていないアルバムを探すのに夢中になった。

古本屋では、翻訳ミステリのレア本や、角川文庫が出していた六〇年代や七〇年代の映画の原作本を探した。やがて戦前のモダン文学に行き当たり、古い日本の小説が好きになった。戦前や戦後まもなくに出た、東京を舞台にした日本の小説を読んでいると、今度は実際の街並が気になってきた。

その頃の私は、キラキラした女性誌やファッション雑誌を読む気力がなくて、「散歩の達人」や「サライ」といった雑誌を愛読していた。十代の時に通い慣れた渋谷や原宿ではなく、東京の東側にあるもっと渋いスポットが気になり始めた頃だ。小説を読んで、銀座の裏通りや、本郷を散歩するのが楽しくなってきた。私はかつて「オリーブ」を見て渋谷に出かけた頃の冒険心を少し取り戻した。

映画も、ミニシアターでかかっている新しい作品よりも、東京12チャンネルでお昼にかかっている六〇年代のロマンティックコメディの方が見ていて楽しかった。やがて新宿のTSUTAYAに三〇年代から四〇年代の映画のビデオが充実していることを知り、エルンスト・ルビッチやハワード・ホークスといった監督が撮ったモノクロのロマンティックコメディを借りて夢中になった。

二十代、私は九〇年代のリアルタイムの流行はほぼ無視して、レトロなものばかりを探求していた。私にとっては、古いものこそが新鮮だったのだ。


そんな風にして、私は二十代を通して自分の趣味を構築していったように思う。「オリーブ」のようにひとつの方向に私を導いてくれるものがない代わり、私はとても自由だった。当時はSNSのように似た趣味の人とつながる手段もなくて孤独だったけれど、誰からも大きな影響を受けないで、自分を作っていくことが出来た。今にして思えば、とても贅沢な時間だった。

中古レコードと、古本と、VHSレンタルと、東京散歩だけが楽しみだった二十代終わり。私はもうひとつの楽しみを見つけた。

インターネットだ。

九〇年代末期は、ページミルやフォトショップといったホームページ作成のためのソフトが充実してきて、個人でテキストサイトが作りやすくなった頃だった。

私は当時のパートナーに助けてもらって、98年、「Romantic au go! go!」という名前の個人サイトを立ち上げた。そこで、自分が好きな古本や映画、集めているバート・バカラックのレコードについて書いた。

サイトを立ち上げて、一年くらい経った頃だ。

「20歳の乙女は、どんな音楽を聞いたらいいんですかね？　やっぱりフレンチポップスとかですか？」

クラブのイベントで一緒になった大学生の女の子から、私はそんな質問を受けた。

その時は冗談めかしたことしか答えなかったけれど、そのイベントの帰り道、ふと考えた。若い女の子がどんな音楽を聴いて、どんな本を読めばいいか。指針になるようなことを教えてくれるメディアというものが、今は欠けているのではないだろうか。そして、自分が20歳くらいの時のことを考えた。「オリーブ」を読まなくなって、私自身もお手本になる何かをなくして、どんな風に大人になっていけばいいのか迷っていた時だ。

インターネットが普及して、情報だけは豊富に手に入るようになったけれど、逆にそれで、スタンダードなものは見えにくくなっているのかもしれない。

私に質問をしてくれた女の子には、英国のギターポップや映画にとてもくわしい年上のボーイフレンドがいて、その男の子が彼女にいろんなことを教えているみたいだった。「ポパイ」のガールフレンド雑誌だった「オリーブ」がそこから脱却してから時代が一巡りして、何だかまた女の子が男の子から文化を教えてもらうようなことになってないだろうか。

彼女の知識はボーイフレンド譲りでなかなかマニアックだったけれど、私は20歳の女の子には、あまり背伸びして欲しくないと思った。同時に、ちょっとは憧れを含んだものを手にして欲しいとも考えた。

私はサイトに「二十歳の乙女シリーズ」というコーナーを作った。そこに若い女の子に紹介したいような音楽や映画のリストを並べたが、それだけでは面白くないので、生意気な女の子を主人公にして、そのリストにまつわるショートストーリーのようなものを書いた。それはすごく楽しい作業だった。


サイトを始めて二年が経った。その頃のホームページサービスには容量制限があったので、過去に書いたテキストをいくつか消さなくてはいけないことになった。読めなくなってしまうのはもったいないので、私はそれで冊子を作ることにした。当時はZINEなどという洒落た言葉を知らなかったので、その冊子は紙版「ロマンティック・オ・ゴー!ゴー!」と呼ばれていた。

ホームページで宣伝して、前からサイトを読んでくれている読者が購買出来るようにしたが、もう少し欲張って、書店にも置いてもらえないか掛け合ってみることにした。京都に行った時に飛び込みで頼んでみた恵文社には断られたが、青山ブックセンターは何部か置くことを承知してくれた。無名で、何の実績もない人間が作った冊子をあんな大きな書店で扱ってもらえたなんて、今考えると、ラッキー以外の何ものでもない。

紙版「ロマンティック・オ・ゴー!ゴー!」を青山ブックセンターに置かしてもらってか

らしばらくして、一通のメールが私のもとに届いた。

偶然、書店で見つけて紙版を手にしたという男性で、内容が面白くてすごく興奮したという。

インターネットで私を知っている人ではなく、書店で冊子を買って感想をメールしてくれる人がいるなんて思いもしなかったので、感激してすぐに御礼のメールを返した。その人はしばらくして、私のメールにまた返事をくれた。実はマガジンハウスという出版社に勤めていて、現在はとある雑誌の復刊に関わっているという。興味があるのなら、その雑誌で「ロマンティック・オ・ゴー！ゴー！」の「二十歳の乙女シリーズ」みたいなものを書いてみてくれないかという依頼だった。

「その雑誌の名前は『オリーブ』といいます」

数週間後、マガジンハウスの編集部に呼ばれて、私にメールをくれた新編集長の堀越和幸さんと、私が十代の時に「オリーブ」を読んでいた時に編集長を務めていた淀川美代子さんに会った。

長い間、大好きだった雑誌を作っていた人に会って、天にも昇る心地だった。堀越さんは私に、女の子たちが主人公のショートストーリー仕立ての連載を提案してくれた。

「オリーブ」に書くんだ。この私が「オリーブ」に連載を持つんだ。

帰りの電車の中でも、私はまだぼうっとしていた。

私はもう大人になっていて、何かを夢見ることや、その実現を願うことなんて、すっかり忘れていた。

「何かに憧れて、夢をふくらませるってこと、おしゃれを考える時には、とても大切なことだと思いませんか?」

13歳の時、初めて読んだ「オリーブ」に書いてあった文章を思い出した。

「オリーブ」を読んで胸をときめかしたのはずいぶん昔のことだけど、背伸びしたり、ぺちゃんこになったり、そこから立ち直ったりしながらゆっくり階段を上って、ようやく憧れに指の先がかかったような気がした。

「オリーブ」にどんなことを書こうとぼんやり考えていたら、視点が急に変わって目の前の風景が高くなって見えた。都営新宿線の車両と初台の駅のホームの間に足がはまって、転んでいたのだ。

No.12

「わたし、卒業します！」（1989／3／18号）

卒業式に着る服を選ぶのには、苦労した。

トラッドな形の赤いワンピースが欲しいと思っていたのだ。出来れば、襟とカフスの部分が黒で、アクセントがあると嬉しい。

そんな風に頭の中でイメージが固まってしまうと、服を探すのは逆に難しくなる。卒業式の直前までいろんなブティックやファッションデパートをのぞいて、探しまわって、結局理想のワンピースは見つからなかった。式の前日、色が赤ということで選んだのは、ATSUKI ONISHIのワンピースだった。

それは、私が初めて買ったATSUKI ONISHIの服だった。前身頃と襟に深紅の絹の糸で刺繡が入っている後ろジッパーのワンピースで、形は悪くない。でも、間に合わせで買ったということもあって、気に入っているとはいえなかった。中等部にいた頃はあんなに欲しかった憧れのブランドの服なのに、私は「ATSUKI ONISHIなんかで卒業式の服を買ってしまった……」と意気消沈していた。周囲のお洒落な女の子たちはもう誰もＤＣブランドの服なんか着ていなかった。

1988年、世間は渋谷カジュアル＝渋カジブームだった。私が十一年生だった頃、アメリカンカジュアルが学校の勝ち組の子たちの中で定番ファッションとなり、そこにインポートブランドの高級品が加わって、東京の私立の高校生や大学生を中心に独特のスタイルが作り上げられていった。フレンチテイストの入った上品なカジュアルとでもいうべきファッションだ。

私服で通える私立の高校の一部で、制服のようなスタイルを選ぶ女の子が増えた。ラルフ・ローレンのポロシャツやボタンダウンのシャツにラムウールのVネックのセーターを合わせ、グレンチェックかタータンチェックのプリーツミニスカートをはき、足元は白いハイソックスとローファーか、そうでなければモカシン。ブルックスブラザーズの紺のブレザーがそこに加わると、当時の典型的な私立のお金持ちの女の子たちのファッションになる。

私が高等部の最終学年の頃になると、「オリーブ」に載っている服も、昔とは様変わりしていた。少し前のデコラティブな髪型や洋服のスタイリングは影を潜め、代わりにシンプルで上品なフレンチカジュアルの服が増えた。中心となるブランドはインポートかトラッドの老舗で、DCブランドの服が登場する機会はめっきり減った。

当時の「オリーブ」に載っていた中心ブティックといえば、渋谷の「シップス」や「ビームス」等のインポートブランドを扱うセレクトブティックだ。他にも似たような品揃えのセレクトショップやインポート物が買えるブティックで、「アメリカン・モカシンズ」や、スペイン坂の「ルイセット」、裏原宿にある「ラブラドールリトリーバー」といったショップがよく載っていた。

「オリーブ」のお手本はあくまでも「リセエンヌ」だから、カジュアルな定番スタイルでも「フレンチ」というところには大きなこだわりが残っていた。フレンチカジュアルは、アメリカに憧れているフランス人のスタイルとでもいうべきものなので、少々倒錯的だ。

1989年2月3日号には「フランス製のジーンズに夢中!」というタイトルの小特集がある。当時流行っていたクリークス、ピカデリー、シピー、C-17といったフレンチブランドや、フランスで作られているフレンチリーバイスのジーンズが紹介されていた。リーバイスは本来アメリカのブランドだし、ジーンズの縫製は日本製が一番で、ポール・ウェラーのようなお洒落なミュージシャンは来日した時にわざわざ日本のリーバイスを買っていることで有名だったけれど、やはり「フランス」というのがポイントだったのだろう。

「オリーブ」が打ち出すファッションアイコンの雰囲気も変わった。浅野温子の全盛期である。「オリーブ」でさえ読者の人気投票アンケートでは、彼女がダントツの一位だった。長い髪にソバージュパーマをかけているような女の子たちが、授業中でもドラマ『抱きしめたい!』に出てきた浅野温子と浅野ゆう子のファッションについて夢中になって話していたのを覚えている。

私は渋カジファッションに染まることはなかったけれど、やはり振り返ってみると、DCブランドの全盛期と比べたら大分大人しい格好をしていた。十一年生の冬にバーゲンで買った、メンズのイタリアンブランドのC.P.カンパニーの白いハイネックセーターが当時のお気に入りのアイテムだ。ネックのサイドに黒いボタンがついていて、胸のあたりに小さく白い糸でクジラのマークが刺繍されている。大きめのそのセーターに、ブリーチで薄いブルーに色落ちさせたアイスウォッシュの細身のジーンズか、茶のウールのプリーツミニを合わせた。好きなセーターで、大学を卒業して、社会人になってもしばらく着ていた。それと、アニエスb.のブルー・パープルのシャツブラウス。一番上までボタンを留めて、ちゃんとボトムにシャツインするのが当時の流儀だ。ジーンズをはく時は、ベルトを締めた。ベルトに可愛くて派手なバックルをつけるのが流行っていた。

特にジーンズを好む女の子の間では、買う時にショップで幅を詰めてもらって、脚にぴったり吸いつくようなスリムジーンズに仕立てるのが流行だった。そこにドクター・マーチンの重いブーツを合わせる。刺繍入りのサテンのスカジャンやライダーズジャケットを着る子もいた。フレンチカジュアルを着ている子たちとは違う、オルタナティブな女の子の一派だ。そういう子たちは、古着のミリタリーパンツや中国産の雑貨を売る「宇宙百貨」や「大中」で扱っているようなアジア産の服を上手に組み合わせて着たりもしていた。彼女たちは、当時はまだ年四回サブカルチャー雑誌の「宝島」の別冊として出ていた「CUTiE」をよく学校に持ってきていた。

一方で、ＤＣブランドの愛好者もまだ根強くいた。そういう子たちは過激なくらいフリルがついた服が好きで、ピンク・ハウスやその後続ブランドの田園詩といったブティックを好んでいた。後にロリータファッションにつながるような流れである。

女の子たちの服の流行は細分化されて、ばらけつつあった。ちょっと前ならば、お洒落な女の子はみんな「オリーブ」を読んで、雑誌が示す方向を気にしていた。「お洒落な女の子」というざっくりとした括《くく》りの大多数のグループを引きつけていたひとつの引力は時代と共に弱まって、みんなそれぞれの特色を持った小さなカテゴリーに分かれていったのだ。

それは、ある意味では解放でもあった。高いブランドの洋服を買うのが、お洒落な女の子の条件ではなくなったのだから。私と同世代で古着ファッションやサブカルチャーが好きな子は、この時期に「オリーブ」を離れていった。意外に思われるかもしれないが、当時の「オリーブ」は、オルタナティブな層も内包していたその少し前と違って、より都内の私立高校の文化と直結する道を辿っていた。八〇年代から九〇年代の「オリーブ」へと橋渡しされる、過渡期だったのだ。

「ポパイ」のガールフレンドマガジンから、ロマンティック路線に大きく舵を切った198

3年の蝦名芳弘編集長の立ち上げ期から、その路線を完成させた淀川美代子編集長時代までが、八〇年代「オリーブ」の最盛期だ。

私が熱心に読んでいた1985年、「オリーブ」は公称六十万部の人気雑誌だった。1987年に新編集長に受け継がれ、最初は五十五万部の部数を維持していたが、1990年度にはがくんと十万部、部数を落としている。同世代の女性読者を対象としていた「non-no」が百三十万部から百五十万部に大幅に部数がアップしたのと対照的だ。

1991年、後に「クウネル」を立ち上げる遠山こずえ編集長時代になると、都内私立の勝ち組女子の要素は「オリーブ」から消えていた。

この頃の「オリーブ」の想定読者は、八〇年代と比べてよりはっきりとしていたように思う。渋谷系の音楽やお洒落な六〇年代映画を好み、カフェや雑貨店が大好きな女の子。彼女たちは学校ではオルタナティブな存在だ。部数が落ち、時代が変わってファッション誌を読む少女たちが細かくカテゴライズされたところで、「オリーブ」のイメージは固まった。現在、「オリーブ少女」と聞いて人々が思い浮かべるのは、この世代の読者のことではないだろうか。細分化され、先鋭化した分、読者の側にも自分は「オリーブ少女」なのだというアイデンティティが強くあったのかもしれない。

私が「オリーブ」を読んでいた時期は、違った。私のように学校では変わり者の女の子も、人気者のグループも、洋服や素敵なことに関心がある子はみんな「オリーブ少女」だった。

八〇年代の「オリーブ」は、少女だった頃の自分を映す鏡のようなものだ。学校で所属していたグループや、住んでいた街、当時の趣味で「オリーブ」という雑誌のイメージは大きく変わる。あの頃の「オリーブ」はね、と同世代の誰かが言う時は、十代の時の自分について語っているのだ。「オリーブ」は個人の少女期と親密に結びついている。

私の物語も〝「オリーブ」について語るとき、私たちが語ること〟のひとつに過ぎない。

1989年3月18日号。ダイエットを特集したその号が、私が最後に買った「オリーブ」のはずだ。その頃はもう、目次ページに載っている原田治の四コママンガの「ZAZIE」と中世朝子のイラストエッセイの「のんちゃんジャーナル」くらいしかちゃんと読んでいなかったと思う。

モノクロのページに「わたし、卒業します!」という特集がある。その中に「次のこと、卒業できた?」というアンケートページがあった。高校卒業を機に「アイドル」「マンガ」「丸文字」「渋カジ」「キャラクター商品」といった、当時の高校生が好きだったものから脱却出来たかという質問に五百人の読者が答えている。一方で、「これだけは卒業したくない」という項目には、「無邪気さ、いい意味での子供っぽさ」「たとえ不可能であっても、夢を持ち続ける(心)」「自分のポリシー」「若さ」といった言葉が並んでいる。

私はとりあえず「オリーブ」を卒業しなくては、と思った。

高校から先は、「オリーブ」という指針がない、自由な世界だ。自由であることは素敵なはずなのに、誰かの手を離れた風船みたいに、私は心細かった。

その頃、「オリーブ」という引力なんかを必要としない、個性的な女の子には羨望しかなかった。例えば、一学年下で、部活の後輩だった花音がそうだ。

私が思い出す花音は、「サザエさん」に出てくるワカメちゃんみたいなおかっぱ頭で、長袖Tシャツにだぼっとしたシャツジャケットを重ね着して、袖からちょこんと指の先を出している。高いブランド物の服なんかには興味がなくて、いつも独特の格好をしていた。

花音はインディ・レーベル「ナゴム」に所属するバンドが好きな、いわゆるナゴム・ギャルの先駆けの一人だ。レーベル主宰者のケラがリーダーを務める「有頂天」のおっかけで、しょっちゅうライブに行っていた。

花音はいつもヴィヴィッドで、頭が良くて、私が知っている他のどんな女の子とも違ってユニークだった。

代々木上原の駅で、デビューしたばかりのつみきみほを見かけた話を花音にすると、「つみきみほ、大好き。彼女は「大中」のショートパンツを愛用しているんだけど、大きくて太もも部分がスカスカするんで、裾を折り込んでブルマーみたいにしてはいているってインタビューで言っていた。私も同じショートパンツを持っているんだけど、太ももにぴったりで真似出来ないよ！」と笑っていた。

私がフレアスカートの下に透かし編みのコットンニットのタイツをはいて登校すると、「ハイソックスは絶対、くしゅくしゅにたるませた方が可愛い！」と問答無用で私のタイツを引きずり下ろしにかかった。「花音、これソックスじゃないの！　タイツなの！」と私は学校の中庭で必死に太ももを押さえていた。

卒業式の帰り道、偶然に花音に会って、ポツリポツリと話をした。彼女は私に録画出来るビデオカメラを持っていないか聞いてきた。それでバンドの演奏風景をビデオテープに撮って、テレビ局に送るのだという。

「TBSの深夜で始まった、ロックバンドの勝ち抜きバトルみたいな番組なんだけど、まどか、知らない？」

私はその番組は見ていないし、ビデオカメラも持っていないけれど、バンドがオーディションに受かるといいね、と花音に言った。彼女がどんなバンドで、何の楽器を担当しているかは、聞かずじまいだった。

卒業してからしばらくして、ロンドンに語学留学していた私のもとに、やはり演劇部の後輩で花音の親しい友達の絵里子から手紙が届いた。花音のバンドが『三宅裕司のいかす！バンド天国』というテレビ番組に出て、大評判だという。帰国してから見せてもらったビデオには、アバンギャルドなスタイルでバート・バカラックの「雨に唄えば」を歌うボーカルのバックで、着物姿でお琴を弾いている花音の姿があった。

『三宅裕司のいかす！　バンド天国』に出ていた通称「イカ天バンド」は1989年当時、大変な人気で、花音たちのバンドもスターダムに上った。

花音に最後に会ったのは、私が大学の一年生の時だ。

私は、目的地に行くのと反対方面の山手線に乗ってしまい、原宿駅のベンチでため息をついていた。私の名前を呼ぶ声がして、顔を上げたらそこに花音がいた。高校時代と変わらないファッションだけど、真っ赤な口紅を塗っていて少し大人びて見える。彼女は、青山円形劇場で公演する演劇の稽古に行く途中だという。

「その劇、なんかつまんないんだけどね」という花音は、演劇や彼女が今やっている活動について、色々と話したそうだった。

私はその時、シピーのジーンズに、ロンドンの「NEXT」というファストファッションの店で買った、襟に刺繍が入ったダンガリーシャツを着ていた。更にウェスタンブーツを履いて、シルバーのアクセサリーをつけて、「青ピンク」という名称で親しまれていたディオールのルージュアレーブル475番の口紅というスタイルだ。鞄はエルカバロのものによく似たヌメ革のきんちゃくバッグだ。私なりに女子大に馴染もうとした結果のファッションだった。

そういう自分がちょっと恥ずかしかったのか、二人が所属する世界に隔たりを感じたのか、私は上手に話すことが出来ずに、次に会う約束も、連絡先を交換することもせずに、花音にさよならを告げてやって来た電車に飛び乗ってしまった。

それから会うことはなかったけれど、インターネットを見るようになってから、私は彼女のホームページを見つけた。水中出産した時の体験記が綴られている。やっぱり花音は、わが道を行く子なんだなと思った。私が書き手として活動を続けて、自分を確立出来るようになったら、また彼女に会える機会もあるかもしれない。

彼女は私の中で、その時々の流行にふらふらしている自分とは違う、インディペンデントな女の子の象徴のような存在なのだ。

そう思っていた矢先、仕事で偶然に花音を知っている人に会った。私は嬉しくなって、「花音は高校時代からすごく面白い子で……」と思い出話を始めたが、途中で二人の会話が微妙にかみ合っていないことに気がついた。話をしている内に、私の鳩尾《みぞおち》に冷たいものが走った。

(どうして、この人は、花音がもう二度と会えない遠い人であるかのように話すのだろう)

彼女が病気で亡くなったのは、その一年も前の話だった。

呆然としてしまって、私はその日、どうやって家に帰ったか覚えていない。

東京プリンセス

初出：「オリーブ」2001年8月号～2002年12月号
（特別篇は書き下ろし）
※本章に登場する情報は、すべて当時のものです。

東京プリンセス 01

二十歳のヴァカンス

葉月の二十歳のお誕生日を、葉山の一色海岸で「真夏の夜のジャズ」(1)ごっこをしながら祝おう！　と言い出したのは、葉月の方だったか、茜の方だったか今はもうわからない。

五十年代っぽい古着のサマードレスと華奢なサンダルでおめかしして、海辺までドライブするの。ＭＤに涼しげな西海岸ジャズとボサノヴァを編集して、バスケットにランチ、日傘で決まりでしょう！

それは春まだ浅い頃の話で、その時訪れた一色海岸はプライベート・ビーチのような静けさだったし、茜は教習所に通い始めたばかりだった。まさか、彼女が免許を取るのにこんなに時間がかかって、高速初体験ドライバーによるスリリングな運転を堪能するはめになるとは思わなかったし、何よりもこんなに暑くなるとは思わなかった。

「ニューポートと葉山じゃ気候が違うわよね、映画じゃ夕方は涼しいっていうよりも寒そうなくらいだったもの…」

と葉月がつぶやいても後の祭りだった。乙女二人は汗だくになりながら、それでも松林にビニールシートを拡げて、優雅な〝サマーアフタヌーン〟を決行することにした（予定を変更しようにも、水着を持ってきていなかったので）。

葉月がタオルを首に巻いたので、そんな格好だとせっかくのヘレン・カミンスキーの麦わら帽子も野良仕事用にしか見

(1) 写真家バート・スターンによる、59年のニューポート・ジャズ・フェスティバル&ヨット・レースのおしゃれドキュメント。クールな西海岸ジャズや黒い帽子のアニタ・オデイの素敵さもさることながら、客席の女の子たちの洋服が鋭い！

(2) サリンジャーの小説「フラニーとゾーイー」の理想主義者のヒロインのこと。読むと身につまされる女の子はきっと多いはず。

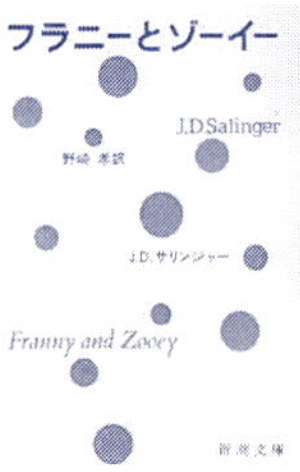

えないわよと茜は嘆いた。いいのよ、あなたはお嬢様で私は爺やの娘なんだから、と葉月はふんっと鼻を鳴らした。

英文の葉月と仏文の茜は一年生の時に、一般教養の授業が一緒だったのが縁で仲良くなって以来、同じ女子大生の友達から「少女小説風二人組」と陰で呼ばれていた。アーガイルとボストン眼鏡が似合いそうな〝フラニー〟(2)タイプで映画と音楽にうるさいのが葉月で、ジャン・ピエール・レオーとボリス・ヴィアンがアイドル！　という夢見がち文学少女が茜。二人が似たようなカントリー調サマースタイルで登校した時、友達がふざけて言ったものだ。「避暑で田舎に来たお嬢様と爺やの娘って感じよね」

少女小説じゃ爺やの娘の方が本当は主役なのよ、お嬢様が密かに恋心を寄せている端正な青年と結局はくっついたりするのがパターンなんだから！　と皆がとりなしても、葉月はへそを曲げたままなのだ。

茜はため息をついて、ケイト・スペードの籠バッグからコレットの『青い麦』(3)を取り出した——それにしても暑いったら！　そんな気候とはうらはらに、ポータブルMDステレオからはアストラッド・ジルベルト(4)が歌うボサノヴァが涼しげに流れている。小説に描かれているブルターニュの浜辺の麗しいこと！　茜はうっとりつぶやいた。

「ああ、ヴァカンスに行くのなら南仏よね」

「サントロペにリヴィエラね」

と葉月も返した。二人はようやくにっこり笑った。

(3) 週末ヴァカンスに持っていく文庫本は、このブルターニュの辺りが舞台の少年少女の初恋物語か、二十歳の主人公がボーイフレンドの叔父様とリヴィエラに夏の逃避行をするサガンの『ある微笑』を推薦します。どちらもはかなく過ぎてしまう休暇を象徴するように短く、ページも薄いのでお手持ちのケイト・スペードにすっぽり収まるはず。

(4) あなたが素敵な女の子なら、空港に佇むポートレイトジャケットのアストラッド・ジルベルトのベストを持っていなくては！

「イタリアも素敵よね。いつかニースに行きたいわ」

「私はタヒチに行きたい」

それは彼氏と行くのね、と茜がからかったので葉月がまたふくれた。

「だって南の島のヴァカンスは女二人じゃサマにならないわよ、葉山と違ってね」

まあね、と葉月はまた寝ころびながら言ったけれど、ボーイ・フレンドとのランデヴーよりも、何となくこうして茜と二人で退屈している方がずっと楽しいような気がした。それとも、いつか私たちは決定的な恋に落ちてしまって、恋人のことしか考えられなくなって、こんな風に女友達と過ごすなんて考えもしなくなるんだろうか？　でも、とりあえずそれはもっと先の話かも。

(5) サマー・クラシック・レコードの「WAVE」のジャケットに使われたピート・ターナーの写真、ちょうどあんな夕焼けでした。

そう、とりあえず今日は二十歳の誕生日おめでとう。と、二人はワイングラスにエビアンを注いで乾杯した。本当は冷えた白ワインといきたかったけれど、茜には帰りの運転が待っていた。兄貴のニュービートルにキズをつけずに無事返せるかしらね、ふう。

「それで葉月嬢、二十歳の目標は？」

茜が架空のマイクを向けると、葉月は帽子を直し、サングラスをかけて、投げ出していたレースの手袋をはめてポーズを取った。

「世界で一番素敵な女の子になることですわ！」

アントニオ・カルロス・ジョビンの「ウェイヴ」(5)がポータブル・ステレオから流れ出した瞬間、二人は海が夕焼けに染まるのを見た。

東京プリンセス 02

飯田橋パリジェンヌ

　始まる前は永遠に思えた夏ももう終わりなのね、と茜がアンニュイを気取ってカナルカフェ（6）のテラスから外堀を眺めて言ったので、葉月は文庫本から顔を上げて吹き出した。

　今日の葉月は、『悲しみよこんにちは』のジーン・セバーグかブロッサム・ディアリーのＣＤジャケット（7）を意識したのか七分袖のボーダーシャツを着ていて、茜の方は麻のワンピースにいつものごとくマーガレット・ハウエルの紺のカーディガンを羽織っている。

「あなたって本当に乗りやすいタチね。二週間、日仏学院で講習を受けただけで、すっかりフランス人になっちゃうんだから」

「何よう、憎たらしいったら！　あなただってブリティッシュ・カウンシルで講習を受けたからって皮肉屋のイギリス人にならなくたっていいじゃない」

　と、茜は紙ナプキンを丸めて葉月に軽く投げた。

　それにしても、夏休みに語学学校の授業を受けるなんて私たちも勉強家ね、と講習を終えた二人は自画自賛し合ったけれど、彼女たちの目的はなにも勉強だけではなかった。

　茜は以前から、東京日仏学院のブルーと白の素敵な校舎のたたずまいに惹かれていた。校内にある素敵な書店「リヴ・ゴーシュ」の前で夏の間、二人で何度フォト・セッションしたことか。バイト代

（6）飯田橋駅近く、外堀通りから階段を下ったところにあるウッド・デッキの素敵なカフェ。すぐ近くにブリティッシュ・カウンシル東京。さらに市ヶ谷寄りに東京日仏学院が。

（7）チャーミングな囁き声でブロッサム・ディアリーが歌うアルバムのタイトル曲「ギブ・ヒム・ジ・ウー・ラ・ラ」はすべての女の子のテーマソングになりうる素敵なコール・ポーター・ソング。

が入ってお金に余裕がある時は、中庭にあるレストランの「ラ・ブラスリー」でランチを取った。

　歩いて5分のところにあるブリティッシュ・カウンシルで授業が終わると、葉月も飛んできてメディア・テークでヌーヴェル・ヴァーグのレーザー・ディスクを見たり、アニエス・ヴァルダの映画上映会に行ったりした。

　飯田橋の夏は素敵だったわ……でももちろん、私たち勉強もしたのよ、葉月があわてて言うと、そうよ、新学期にあの鬼のように厳しいシスター・アレクサンドラから絶対Aの成績をもぎ取ってみせるわ！　と、茜は鼻息を荒くした。

　二人が通っているカソリック系の女子大（学生たちの間では〝カレッジじゃなくて修道院〟と呼ばれている）は、教師の大半がシスターで大変厳しいことで有名だった。

「さあ、のんびりしている場合じゃないわ、また『ＦＬＯＯＲ！』の一階のお座敷取られちゃう！」

　二人はあわててカフェを出た。普通の民家の一軒家を改造した「ＦＬＯＯＲ！」（現在は閉店）は畳敷きにモダンな椅子を置いた二階もいいけれど、何といっても一階の座敷が素敵だ。

　茜と葉月はすっかり通い馴れた坂道を上がりながら、「あの項目、あなた合格よね」「この項目は二人とも失格」とこの夏の決算報告を始めた。

　実は二人は〝長すぎる大学の夏休みを有意義に過ごす方法〟と名付けた箇条書きを夏前に作っていて、ブリティッシュ・カウンシルも日仏通いも項目の中に

（8）作家の武田泰淳の奥さん、百合子さんの日記。真っ直ぐで気取りのない言葉で書かれた日常生活が、びっくりするほど愉快で新鮮。

入っていたのだ。
　他の例を挙げると――
●少し長めの小説かエッセイを読むこと
　無謀にもプルーストに手をつけようとして葉月が×で、武田百合子の『富士日記』(8)を読み通した茜が○
●市営プールに週に三回は行って泳ぐこと
　これは葉月は○で、さぼり魔の茜は×
●とびきり素敵なボーイフレンドを見つけること
　これは残念ながら二人とも×
●ゴダールの『はなればなれに』(9)を飯田橋ギンレイホールで観ること
　これは二人とも二重丸！　週によってカップリングが違うんだもの、『勝手にしやがれ』も『気狂いピエロ』もどっちも観たいから、結局、二回も観に行っちゃったよね！　と二人はパチンと手を叩き合った。

(9) 64年作のジャン・リュック・ゴダールの傑作「はなればなれに」は悪戯みたいに強盗を企てる女子一人、男子二人の物語。三人が手をつないでルーブル美術館を疾走したり、カフェでマジソンダンスに興じる時の輝きときたら！　必見です。

「でも私たち、あの素敵な映画を思い出すたびにきっと、テイクアウトで持っていった『紀の善』のあんみつの味を思い出すのよ。食いしん坊で恥ずかしいわよねぇ」

　と、茜がため息をつくと、

「いいじゃない、寒くなったら『五十番』で肉まんを買ってまた行きましょ」

　と、横目でそのお店を見ながら葉月が言った。

「神楽坂から飯田橋にかけては本当、おいしいものの宝庫だったわよね。私、冬の講習も受けようかしら」

「私は今度はアテネ・フランセの授業を受けてみたいわ。もちろん日仏のメディア・テークと映画には通うけれど」

まったくもって、私たちは飯田橋パリジェンヌよね！ と二人はふふっと笑った。

東京プリンセス　03
古本カフェ

茜と葉月が通っている女子大は厳しいことで有名で、一年生の時はウィークデイの午前は必修授業で埋まっていた。だから二年生になって、履修届けを出した時は二人とも手を取り合って喜んだ。

「一限目の授業がないなんて、なんて素敵なの！ これでゆっくり朝寝坊が出来るわ」

でも朝寝坊もすっかり習慣になって、午前中どこにも行かずにパジャマで過ごすことが多くなっているのに気がつくと、ちょっと問題アリのような気がしてきた。

「これって乙女失格じゃない？」

「美しい生活を目指そうっていう気合いがないとダメよね」

そこで二人は、後期は、授業がない午前中は映画館に行って古い映画を観よう！ と決めた。

ラピュタ阿佐ヶ谷でモーニング・ショウを観た日はギャラリー・カフェの『西瓜糖』でサンドイッチを食べてから、大学に出るのが決まりになった。

小津安二郎や成瀬巳喜男の古い邦画がかかるシブヤ・シネマ・ソサエティの「名画の時間」の枠で一本観た後の午後は、二人でじゃんけんして、茜が勝ったら明治通り裏にあるクラシカルな珈琲屋

(10) JR渋谷駅のすぐ近く、飲み屋さん街にある古本カフェ。センスのいい古本が並ぶ本棚がある二階は、まるで理想のボーイフレンドの部屋みたい。

さんの「羽當」、葉月が勝ったら古本カフェの「NON」(10)に行くことにしていた。

時々、じゃんけんの前に、神南のセレクトショップで秋のおしゃれ計画に夢中になった挙げ句、カフェにも寄れず授業に遅れることがあるのが渋谷コースの難ではあったけれど。

道玄坂を下りながら、『眺めのいい部屋』(11)を観て以来、すっかり日傘&手袋ブームの茜は、新調した麻の日傘をくるっと回して、原節子の口調を真似て言った。

「葉月さん、今日はどちらに参りまして?」

葉月は悩み事がある時のクセで、キャスケットのつばを両手でぐっと押さえてうつむき、「茜が好きなお店の方でいい

(11)二十世紀初頭、気位の高い令嬢が、フィレンツェで恋を見つけて自由になるお話。白いレースの服のヘレナ・ボナム・カーター、プッチーニの音楽、そして突然のキス。何もかも乙女向きの映画。

(12)カート・ヴォネガット・ジュニアの小説。トラルファマドール星人によって時間旅行者になってしまった主人公の不可思議でチャーミングな物語。

……」とつぶやいた。

あら、珍しいと茜は思った。

「NON」の本棚にある素敵な古本はすぐに売れちゃうから、マメにチェックしなきゃ! と言って、ズルしてじゃんけんに勝とうとしたこともある葉月なのに。

実はこの間、茜と「NON」で待ち合わせた時、二階でコーヒーを飲みながら『スローターハウス5』(12)を読んでいた葉月に、「君もカート・ヴォネガット・ジュニアが好きなの?」と声をかけてきた男の子がいたのだ。

彼は熱心に色々と話しかけてくるのだけれど、葉月は何だかドギマギしてしまって上手に答えられなくて、茜が来るやいなや、その手を取って逃げるように店を後にしてしまった。

「あら、この間の男の子を気にしている

の？」

　茜がピーンときて言った。

「別に彼はあんなこと気にしてないと思うわよ。でも葉月ったら、せっかくのチャンスなのに逃げちゃうんだもの！」

　チャンスって、何のチャンスよと葉月はふくれた。

「知的少年少女が集うピックアップ・ポイントで、同じ小説やレコードが好きなことがきっかけで男の子と出会うなんて素敵じゃない。みんなが憧れているときめき遭遇のパターンよ。ちょっと『エヴリシング・バット・ザ・ガール』(13)の物語みたい。チェリー・レッドで出会った時、きっとトレイシー・ソーンとベン・ワットもそんな話をしたと思うわよ、〝君もビリー・ホリデイが好きなの〟なんてね。また会えたらいいわね」

(13) イギリスの同じ大学に通っていた女の子と男の子が、チェリー・レッドという小さなレーベルでデュエットすることになって、恋をして、結成されたのがエヴリシング・バット・ザ・ガール。

　葉月は『エデン』の曲から、「あなたのアドバイスなんて聞かないわ」というフレーズをトレイシー・ソーンを真似て茜に歌ってみせた。

「ロマンスをでっちあげないでよ！　第一、タイプじゃないわ」

「アゴが細くてプレッピー・スタイルが似合ってて、割と素敵だったじゃない。彼、ケルアックなんか読んでいたわよ」

　だからイヤなの、と葉月は言った。

「私を好きになってくれる男の子はみんないつも、どういう訳かビート小説とブルーノートのオルガン・ジャズが好きなんだもの」

　茜はふふっと笑って言った。

「仕方ないわよ。そういうちょっとスノッブ気取りの男の子は、あなたのように生意気でジーン・セバーグみたいな後頭部の女の子に首ったけになる運命なの」

「茜ったら、本当にイヤな人。そんなことを言うなら知らないから！」と言って、葉月は早足で歩き出したけれど、まだじゃんけんも済んでいないのに、その足が勝手に「ＮＯＮ」の方向に向かっていることを、茜は見逃さなかった。

東京プリンセス　04
乙女の週末

今日は日曜日。

少し朝寝坊してから起きて、お砂糖を入れた温かいミルクをカフェ・オ・レ・ボウルに注いでパンを浸した簡単な朝ご飯を済ました後、いいお天気だったので葉月はお洗濯をした。

寝台車のような小さなロフトがついた葉月の部屋は、窓を開けて身を乗り出すと洗足池が見える。

海辺の町を離れて一人暮らしをする時、葉月が望んだのは水辺の町に暮らすことだった。

ここなら電車一本で大学に通えるし、テラスカフェがある素敵な図書館があるから大丈夫！　とママに言ったら、本当はもっと違う条件でみんな部屋を探すのよと呆れていたけれど、「テラス・ジュレ」(14)が気に入ったらしく、東京に仕事で来る時はママもかならず葉月のところに寄って、そこでランチをおごってくれる。

それにこの町は、茜風にいうと「水族館がある町」の彼女の家まで自転車です

(14) 洗足池のボートハウスの一角にある涼しげなカフェレストラン。洗足池を見渡しながらのんびり過ごせる。金曜日の夜にはジャズやボサノヴァのライブもあります。（閉店）

ぐだから、寂しくないのだ。

実際、茜はしょっちゅうやってきて、ビデオを見たり、料理をしたりして葉月の部屋で過ごす。天気がいい日は、そのまま二人で自由が丘までサイクリングに行くこともある。

「一人暮らしはいいわよね、クラブやオールナイトの映画で朝帰りしても誰も怒らないし、居間でゲンズブールの映画を観てる時、きわどい場面でママや兄貴と遭遇する心配もないんだもの。うらやましいったら！」

茜はそうため息をつくけれど、黙って待っていておいしいご飯が出てくるわけでもないし、きちんと生活をやりくりするって大変なのよ！　と葉月は言う。

「憧れのエマ・ホープのパンプスのために貯めてるお金だって、パン代に消えちゃうかもしれないんだし」

「ふふ、尾崎翠の『こおろぎ嬢』(15)ね。〝パン！パン！パン！って騒ぎたかないんです〟って。でもそれが独り立ちになるってことだわ」

茜は真顔でつぶやいて、実家から持ってきた年代物のライティング・デスクにｉＭａｃが載っているほかは、そっけないほどシンプルな葉月の部屋を見回したものだ。ＣＤが増えていっちゃうのは仕方がないんだけれど、なるべく今は物を置きたくないのと彼女は言っていた。

「大学を卒業して働くようになったら、サム・フランシスのリトグラフと素敵なソファ、そして大きな本棚を買うの。ウディ・アレンの『マンハッタン』(16)に出てくるみたいな部屋にしたいな」

私は独立したら、くるみ材の棚を買う

(15) 尾崎翠は詩に恋する「こおろぎ嬢」や「第七官界彷徨」「アップルパイの午後」といった乙女必読のクラシックがおすすめです。

(16) ガーシュインやコール・ポーターの曲にモノクロのニューヨークが最高にロマンティックなウディ・アレンの『マンハッタン』は秋になるたび観たいもの。年上の男性に恋するマリエル・ヘミングウェイにきっと感情移入しちゃうはず。

わ、と茜は言う。

「そこをリネンや麻の上質なシーツやタオル、キッチンクロスでいっぱいにするの」

彼女は今でも寝具やバスグッズに目がなくて、自分のシーツのアイロンだけはママに譲らないのだ。デュランスかキャトル・セゾンのミントやジャスミンの香りがするアイロン・ウォーターを吹き付けて、いつも丁寧にしわを伸ばしていく。

本当はストーブで温めて使う鉄製の古いアイロンが欲しいと思うのだけれども、家には肝腎のストーブがない。

葉月がお昼ご飯に、タマネギの代わりにキャベツを刻んで入れたツナサンドを作って、更にそれをフレンチ・トーストにしようとミルクと卵を冷蔵庫から出している時だって、茜は自分の部屋でアイロンがけをしていた。学校でも、どこに出かける時でもしょっちゅう一緒の二人だけれど、日曜日はそれぞれ別に過ごすという暗黙の約束のようなものがあった。

「孤独は空気と一緒で生きていくのになくてはならないもの」というのが、葉月と茜、共通の意見だ。

素敵な女の子になるためには一人で自分を見つめる時間が必要よねと思いながら、部屋のアイビーに水をやっていた時、葉月の部屋にもグリーンを置いたらどうかなと茜はひらめいた。あの部屋なら和風の鉢が似合うかも。今度二人で青山の「風庵」か銀座の「野の花　司」に行ってみよう。そう思った時、葉月から携帯に電話がかかってきた。

「もしもし茜？　この間うちに来た時にあなたが作ってくれた、桃缶のベトナム風デザートのレシピを知りたいの、教えて」

「ちょっと待ってね、今お料理ノートを出すから……あ！」

「ねえ、ひょっとして今……」

「そう！　私も気がついた」

私たち、同じCDかけているよね、と二人は笑った。

荒井由実の「海を見ていた午後」(17)が二人の部屋の窓から流れて、秋の冷たい空気に溶けていった。

東京プリンセス　05
机の中のプレゼント

大学のお昼休み。今日は、去年クリスマス・パーティを開いた五人のメンバーが、同じ授業を取っている日だ。ランチはいつも、茜と葉月を含むその五人でとるのが決まりになっていた。

「それで、今年のクリスマスはどうするのよ?」とチカちゃんがきれいに伸ばした爪で学食のいつものテーブルを叩くと、つややかな音がした。

茜はチカちゃんを合コンのメンバーに入れようとする同級生女子は、勇気があると思っている。お目当ての男の子はみんな彼女に夢中になっちゃうでしょうに、心配じゃないのかしら。

チカちゃんは見事なくらいギャルだ。金色に近い褐色に染めた髪と眉、「露出が過ぎます！」とシスターに怒られるファッション。彼女はそれに堪えうるゴージャスな美貌の持ち主なのだ。

(17) ユーミンのアルバムは数あれど、乙女のスタンダードといえば、この曲が入っている荒井由実時代の『ミスリム』で決まりです。都会派の女の子の恋の歌はみずみずしく、ティン・パン・アレーによるバックもタイト。

でも、葉月と茜は知っている。チカちゃんが中上健次ファンで、涙どころか鼻水も拭わないで彼の著作を読んでいることを。神田の古本市に行くと、周囲の人をピンヒールでかき分けてエキサイトすることを。

今年は残念ながらパーティに参加できないわ、とおとなしやかに史子さんが言った。金沢で陶芸を学んでいる遠距離恋愛の彼氏が、クリスマスに上京してくることになったのだ。

史子さんは今日も黒髪をきれいにまとめて、何の飾りもない白いブラウスに紺のセーター、紺のスカートという格好だ。彼女は限られた色しか身につけない。しかも、身につけるもののほとんどはお手製だ。

彼女は徹底した美学の人で、昭和の佇まいを残す古いアパートで素敵な生活を営んでいる。

「今年こそ、『千疋屋』のショート・ケーキをホールで買おう！　って言ってたのに残念ね」と茜がため息をついた。

「え、今年は原美術館(18)の『カフェダール』でシャンパン・イブニングじゃなかったの？」

「横尾忠則展でクリスマスなんて葉月、超おしゃれさんだわ」と、佳奈がからかった。葉月と佳奈は、実は高校からの知り合いだ。映画批評で有名なウェブサイトのBBSに二人とも出入りしていたのだけれど、同じ大学に通っていることは入学してしばらくは知らなかった。

たまたま一般教養の授業で隣に座った時、何のきっかけかヌーヴェル・ヴァーグの映画の話になって、二人とも気がつ

(18) 住宅街にひっそりと佇む、現代アートに強い素敵な美術館。中庭に面した「カフェダール」では、週末にバスケットに入ったワイン付きのブランチを楽しむこともできる。

いた。

「もしかして……?」とお互いのハンドル・ネームを確認した時のバツの悪さときたら！

　去年のクリスマスは佳奈の部屋で、みんなで『白い恋人たち』(19)のビデオを見て、持ち寄った自慢料理とおしゃべりで一晩明かしたけれど、今年は佳奈にもボーイフレンドがいる。

　その彼が、ネット・オークションで彼女が見つけた素敵なアンティークのスノー・ドームを最後まで競り合った相手だと分かったのは、佳奈がバースデイ・プレゼントにそのスノー・ドームをもらった時だった。

　笑い事じゃないって、と佳奈は言う。

「クリスマス・プレゼントも同じパターンだったら、どうすればいいの?」

(19) クロード・ルルーシュが撮った68年のグルノーブルオリンピック・ドキュメント。冬の乙女クラシック。

　それから、逆に男の子へのプレゼントって思い浮かばないという話になって、「私、高校時代にセーター編んだことがあるよ」とチカちゃんが言ったので、みんなどよめいた。

「でも、クリスマスまでに結局間に合わなくて、アジの開き状態の途中経過を見せたんだよね。バレンタインまでには出来上がるからって。でも、その前に別れちゃった」。チカちゃんは一瞬苦い顔をしたけれど、すぐに気を取り直した。

「一度でいいから、すっごくロマンティックなプレゼントを受け取ってみたいわね！」

「ブランド小物じゃなくてね」

「バカンスのチケットとか」

「スパイク・リーの映画で、ヒロインのために即席バレエ・ショーを公園に用意するの、素敵だった」

「私は大きな花束で満足」

「史子さんなら、クリスマス・プレゼントは何が欲しい？」

　前から乳白色の清楚な一輪挿しが欲しいと思っていたの、と史子さんは言った。

　ああ、それでは彼氏はそれを作って東京に来るのだ、そう思ってみんなは何だかしんみりしてしまった。

「恋人へのプレゼントは難しいわね」

「本当、女友達へのプレゼントならすぐに思い浮かぶのに！」

　茜から葉月にはカポーティの『あるクリスマス』(20)、葉月から茜にはフェアグラウンド・アトラクションのCD(21)。もうラッピングして、机の中に隠してあるそれぞれのプレゼントを二人は思い浮かべた。

(20) 山本容子さんの銅版画が美しい、センスがいい人のクリスマス・プレゼント定番本。同じシリーズの『クリスマスの思い出』もマスト。

(21) エリオット・アーウィットのキスするカップル写真のジャケットとピンクの書き文字でお馴染み、フェアグラウンド・アトラクションの『ファースト・キッス』。アコースティックで温かなバックと、エディ・リーダーのエバーグリーンな歌声は、これからの季節にぴったり。

東京プリンセス 06
マイ・スタイル

　駒場で乙女散歩をしようねと前から計画していた秋の日は、残念ながら雨だった。それでも茜と葉月は「雨の日の駒場もきっと風情があるわよ」と言って、それぞれグレイと辛子色のマッキントッシュのコートを羽織って、お気に入りの傘をさして出かけることにした。

　最初に訪れた日本民藝館は、日本家屋の風情も麗しく、二階の渡り廊下から見える外に置いた大きな美しい壺も雨にしっとりと濡れて、二人の思惑通り。静寂を乱すのを恐れて、茜と葉月は李朝の白いぽってりとした壺や手染めの美しい衣装を黙って見つめていたけれど、新作工芸の売場で茜が「あけびの籠が欲しい！」と騒ぐと、葉月も「私は備え付けの柳宗悦の素敵なベンチが欲しいわ」と言い出して、家にある食器を全部柳宗理のものに変えられたら素敵なのに、といつものペースにおしゃべりが戻ってしまった。

　次に東京都近代文学博物館の車寄せがある美しい洋館に着くと、さっきまで「やっぱり和の美を追求しなきゃダメよね」と言っていた二人は、「乙女は洋館で決まりでしょ」と声を合わせてしまった。「こんな雨の日、ここのロビーで駒場公園をクリスタル越しに眺めながら読書が出来たら最高よね」と茜。「お隣の和館もいいのよ！　お庭の紅葉が今なら綺麗だし、あそこで一日中ぼーっとしていたいなあ」と葉月も言う。

　幸田文の『きもの』(22)を読んだばかりの茜の希望で近代文学博物館の「幸田家の人々」という展覧会を見た後、二人は池ノ上まで歩いて「十二月文庫」へと行った。そこはカウンターでコーヒーも飲める小さな古本屋で、クラシック・レコードのコーナーがあった。

「ここのお店は、史子さんに教えてもらったの」と茜は葉月に打ち明けた。

　葉月は最近、茜がちょっと心配なのだ。前は明るくて甘い色の服が好きだったのに、ここのところモノトーンのものばかり着ている。きっとそれは、史子さんの影響だ。

　史子さんは同学年だけれどもとても大人びていて、自分の世界を持っている。史子さんの部屋に遊びに行くと、古いシエーカー・スタイルのテーブルと椅子、ベッド以外はほとんど何もないので驚く。

(22) 着物大好き乙女は必読の幸田文の小説。昭和初期の少女・るつ子の着物に対する情熱に、洋服が大好きなオリーブ・ガールならきっと共感するはず。

(23)「CICOUTE　CAFE」白くて静謐な、居心地のいいカフェ。テイクアウトできるパンやマフィンは魂に響くおいしさ。（閉店）

　それでいて、史子さんは文学少女の茜が驚くほど読書家で、映画好きの葉月が舌を巻くほど映画にくわしい。彼女は本は全部図書館で借りて読むし、映画はビデオでは絶対に観ない。ストイックな美学の持ち主で、食器は白のシンプルなものしか使わないし、身につける色は白、黒、グレイ、紺に限定している。

　茜はそんな史子さんに憧れていて、彼女の真似ばかりしている。でもそれは史子さんだから似合うのであって、茜がやるとちょっと違うように葉月は思う。

「葉月にはそう言われると思っていたの」。下北沢に出て、二人の大好きな「チクテカフェ」(23)でお茶している時、茜はため息混じりに言った。

「我ながらよくないなあって。でも史子さんを見ていると、自分がすごく子供で流されやすくて、スタイルを持っていないようで恥ずかしいの。もちろん、真似して身につけようなんて間違いもいいところなんだけれど」

「素直に憧れちゃうのは茜のいいところだとも思う。ほら、ああいう個性をちゃんと持っている人が身近にいると、妬んだりする人も多いでしょう」

「そう、史子さんと友達になれてよかったことも沢山あるの。彼女がすすめてくれなかったらカザルスのCD(24)を買うこともなかったし、『八月の鯨』(25)を観ることもなかった」

「今日のお店だって素敵だったわよ、さすが史子さんって私も思ったもの」

　センスがいいだけではなくて、情熱や信念を感じさせるから史子さんは素敵だ。そんな女の子にはみんな憧れる。

(24)「J・S・バッハ：無伴奏チェロ組曲(全曲)」パブロ・カザルス。スペインはカタルーニャ生まれの素晴らしいチェリスト、パブロ・カザルスの歴史的名演。クラシックはちょっと、なんて敬遠しないで！　朝の光が胸の奥に射し込んでくるような、一生色あせない体験になりうる音楽がここに。

(25)メイン州の海辺に暮らす老姉妹、名女優のベティ・デイヴィスとリリアン・ギッシュがどこか少女のよう。二人の暮らしや風景がとにかく美しい映画。

でも自分のスタイルを持っている人は誰にも似ていないわけだから、みんなちょっと孤独かもと二人は話した。

「けどね、私は史子さんにはなれそうにないわ。だって、ルールを破ってこの間、スメドレーで赤のカーディガンを新調しちゃったんだもの！」茜は笑った。

「私たち、まだ急ぐことないよ。ルールを作ったり、破ったりしながら、少しずつスタイルを作っていけばいいんじゃないかな」

茜は今日も黒いセーターだったけれど、左肩のところにピンクの毛糸で作ったコサージュをしていた。黒にピンクってかわいいな、それに何て茜に似合うんだろうと葉月は思って、温かい気持ちになった。

(26) 若かりし日のベルトリッチのヌーベル・ヴァーグへの憧れがスパーク！な青春映画。

東京プリンセス 07
手紙

冬薔薇のような華やかさをふりまく銀座の中央通り。マフラーを風になびかせて、今にも踊り出しそうな足取りで通り過ぎていく茜と葉月の笑い声もこの街に溶け込んでいる。二人は京橋のフィルムセンターで、ベルトリッチの『革命前夜』(26)を観てきたばかりでちょっと高揚しているのだ。

「ベルトリッチは私たちよりたった二歳年上の時にあんな素敵な映画を撮ったのよ！　観ていて胸が痛くなっちゃったよね」

主人公の恋愛対象になる美しい伯母さんのファッションも素敵だった、あんな大人の女性になりたいなあと茜が夢見がちに考えていると、葉月が「まだ今年の手帳を決めていないの、寄ってもいい？」と言って「伊東屋」の前で立ち止まった。

売場には、いかにも上質そうなワイン色の革表紙がついたラジェンダやアシュフォードの手帳も並んでいたけれど、葉月は「私はずさんだからきっと傷をつけちゃうわ、手帳負けしちゃう」と言って、クオバディスの合皮の表紙のものを選んだ。

「これ、コンパクトで使いやすいの。私の定番ね」

キャスケットを外して、今日かぶっている赤いベレー帽も葉月の定番。フレンチじゃなく、リッキー・リー・ジョーンズ風(27)にするのがポイントだ。

「この後、『鳩居堂』にも寄ってくれる？」と今度は茜が言った。

(27) ジャケットのリッキー・リー・ジョーンズの赤いベレー姿がニューヨークの女の子っぽくて粋な『浪漫』のCD。

「あそこの桐紙の絵葉書は茜の年賀状や暑中見舞いの定番よね」

「でも今日は、便箋が欲しいの。花南ちゃんに新しいお手紙を出そうと思って」

花南は葉月の高校からの友達で、今はマドリッドの大学に留学している。茜は葉月にくっついて出発前に開かれた彼女のお別れパーティに出ただけなのに、何だか意気投合して文通が続いているらしい。

「私はメールで済ましているのに、茜は律義ね」

「メールはダメなのよ。手紙を書くというのは、その行為自体が麗しいんだから。花南ちゃん、向こうの雑貨屋さんで小さな女の子が使うようなかわいいカードを見つけてくるの。私も負けられないでしょう?」

朱色や鶯色、薄茶の小さな四角形を上品に散らした「羽衣」という便箋と封筒を茜がお店で選んでいるのを見て、葉月はうらやましくなった。メールは時間差なしに届けられて気軽だけれど、手紙には小さな贈り物のような尊さがある。そうだ、私も花南に手紙を書いてみよう。

手紙の本といえばやっぱり三島由紀夫の『レター教室』が最高よね、と言う茜に堀内誠一さんの『パリからの手紙』(28)も素晴らしいのよと返した時、葉月にも素敵な手紙のヒントが浮かんだ。

「茜、もう一軒文房具関係のお店に寄ってくれる?」

「いいわよ、私、文房具は大好きだから!」

葉月が茜を連れていったのは数寄屋通りにある「月光荘」という小さな画材屋さんだった。奥にあるギャラリーも気になったけれど、ホルンのマークがついた色とりどりのスケッチブックやトートバッグ、愛らしい絵と詩がついた手作りのポストカードに二人の目は輝いた。

葉月は葉書サイズの小さなスケッチブックを手に取った。それは表に自分で絵を描いて、切り離して絵はがきとして使えるようになっているポストカード・ブックだった。もうひとつ心を奪われたのは、チョコレートの包みのような小さな筒型のケースに入っている芯だけの十二色の色えんぴつのセット。

「これで東京の風景を描いて、花南にポストカードを送ってみるわ」

買い物を済ませて、「ウエスト」(29)でお茶している時、葉月は茜に打ち明け

(28) おしゃれなエディトリアル・デザイナーだった堀内誠一さんが、フランス在住の時に友人たちに送ったイラスト付きのエアメールを集めた本。「オリーブ」のロゴも彼の作!

(29) リーフパイ等の洋菓子でお馴染み、オークのレコード棚と百合の花が印象的なサロン風の老舗カフェ。小冊子『風の詩』では一般の人からのしゃれたエッセイを募っています。

た。

「それはいいアイデアね！」

茜は「月光荘」でもまた、淡いピンクとグレイでそれぞれホルンのマークが入っている二組の便箋と封筒を買ってしまった。

「便箋と封筒には目がないの、つい買っちゃう」

「私はメモ用の小さなノート」

茜はリーフパイを食べながら、ウエスト名物の小冊子『風の詩』を広げてつぶやいた。

「ここに自分で書いたエッセイを載せるの、夢だわ。今日買った便箋で応募してみようかな」

ウェブでも投稿を受け付けているみたいよ、と葉月が言うと茜はきっぱり言った。

「何言っているの、手紙じゃなきゃダメよ！」

「確かにそうだった。それで茜は何をテーマにエッセイを書くつもりなの？」

「もちろん、手紙を書くという行為の美しさについて、よ！」

東京プリンセス 08
乙女ライン

「庭園美術館は都内で一番好きな美術館だわ」とうっとりしながら言う茜に「今日は朝香宮邸と言わなくてはダメ！」と葉月はひとさし指を振ってみせた。

何せ早起きして、旧朝香宮邸の建物公開のために白金台にやって来たのだ。いつもは展示物の背景として雰囲気を楽しむだけだったけれど、今日はアール・デコ様式のお屋敷と美しい庭園を心ゆくまでゆっくり見るつもり。ラリックのガラス・モチーフやシャンデリア、ラパンの白い香水塔……。二人はため息をついてばかりだ。

　ミニー・リパートン(30)のアルバムに、こんな麗しい庭園をバックにしたジャケットがあったなと思いながら、「やはりランチは庭園内の『カフェ・デ・ザルチスト』か八芳園の『スラッシュカフェ』(31)でしょ」と茜は次の予定を口にした。早くもお腹が空いてきたのだ。

「でも午前中だったら、並ばないで『利庵』のおそばが食べられるわよ！　あのおいしいわらび餅も！」食いしん坊ということにかけては、茜をはるかに上回る葉月が耳打ちするように言った。

「いいわよ、ここは譲るわ。その代わり、プラチナ通りに行くのなら『m:i:n:a』のショップに寄ってね」

　きっかり一時間半後、二人は『m:i:n:a』のお店の袋を持って、並木通りを歩いていた。茜はサクランボ模様のハンカチを、葉月は買うつもりがなかったのに愛らしさに負けてツバメのピンバッジを買ったのだ。

「次はママというスポンサーを連れて来て、お洋服か布バッグをねだりたいな」と茜は都合のいいことを言っている。

「ママといえば、お使いを頼まれていたんだった。茜、麻布十番まで出てもいい？」

「いいわよ、麻布十番商店街でおせんべいを買いたい！」

(30) 小鳥がさえずる声が入る「ラヴィン・ユー」でお馴染みのピースフルな女性ソウル・シンガー。茜が言ってるのは『Come to My Garden』という初期のレアなアルバムのことだけれど、まずはベスト盤から。

(31) 美しい日本庭園を見ながらお茶が楽しめる。アンティークの鳥かごとアール・ヌーヴォー調の窓の木枠も素敵。

もう一度南北線に乗って、二駅。葉月が向かったのは「ブルー&ホワイト」という藍染めの小物を扱うお店だった。

「ママがまた東京に来るんだけれど、そのまま海外に出張に行くんだって。外国のお友達にいいおみやげになるものない？　って言われてたの」

　葉月は渡された予算で、白で絵付けがされたブルーのロウソクときれいな手ぬぐい、藍染めの布で作られた小さなぬいぐるみを買った。

『すてきなあなたに』(32)をバイブルとする者としては、ここまで来たからには「暮しの手帖社別館」に行きたいと茜が言うので、二人は鳥居坂を上って、今度は六本木方面へと向かった。

　細い文字の控えめな看板を目印に外苑東通り裏の建物に入ると、そこはまるで昭和四十年代のセンスのいい家庭のような空間。アンティークのキルトがかけられた壁や実用的で温かみのある家具に囲まれて、茜と葉月はリラックスしてついおしゃべりに興じてしまった。

「なるほど、暮しの手帖社本のファンなのか。どうりで茜のレパートリーって、懐かしくて温かい味のするちょっと洒落た家庭料理って感じよね」

「からかうと今日ここでバックナンバーから仕入れたレシピで、ご飯を作ってあげないわよ」

「ご飯といえば、今日の晩ご飯はどうする？」

「いやあね、また食べることを考えているの？　葉月と外で食べてくるって言ってあるよ」

「私ねえ、何だか無性に『万定フルーツ

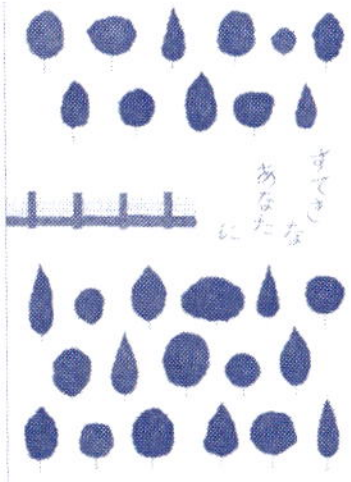

(32)「暮しの手帖」の編集長だった大橋鎮子さんのエッセイ集。雑誌に掲載時の体裁のまま三段に組んであるデザインと、花森安治による可愛らしいカットが特徴の乙女定番本。「暮しの手帖社別館」は残念ながら閉館に。

パーラー』のハヤシライスが食べたいのよね」

「じゃ、また南北線に乗って東大前まで出なくてはね。ぎりぎりで弥生美術館と竹久夢二美術館にも行けるかも」

「四ッ谷で降りて『わかば』のたい焼き食べる時間はないかな」

南北線各駅停車の旅ね、と二人は駅に向かいながら言った。改札を抜けて、階段を降りてホームに地下鉄が滑り込んでくるのを待つ。他のラインよりも、南北線のコースにときめくのはどうしてだろうと葉月は考えていた。私が食いしん坊だからってだけじゃなさそうだわ。

「ニューヨークのサブウェイ、ロンドンのチューブ、パリのメトロ……。南北線はメトロっていうとぴったりかも！　白金台の『サントル・フランセ・デ・ザール』（現在は閉店）でしょ、溜池山王の『オー・バカナル』でしょ、後楽園からアテネ・フランセ、飯田橋の日仏学院と『ル・ブルターニュ』。茜、あなたみたいなフレンチ好きのスポットは網羅できちゃうわよ」パリのメトロに乗りたがった『地下鉄のザジ』(33)の小さな女の子を葉月は思い浮かべた。「白金の旧朝香宮邸から始まり、西ケ原の旧古河庭園に終わる。美しい庭園と洋館の間に偽パリ・スポット満載なんて、南北線は乙女ラインと呼ぶにふさわしいわね」

(33) ルイ・マル監督。ママとパリの叔父さんの家に遊びに来たお転婆少女が、故郷に帰るまでの36時間のはちゃめちゃな大冒険。レイモン・クノーによる原作も、ザジが憎たらしくもかわいい。

東京プリンセス　09

'80風プロム・パーティ

246沿い。ビルの地下にある小さなクラブの入り口には風船で縁取られた「Class of 2002」の看板が飾られていた。

茜と葉月の通う女子大の子たちは、ご近所の理工科系大学の卒業式後のパーティに呼ばれるのがこのシーズンのしきたりだ。去年は二人ともどうも気が進まなくて、どのグループに誘われても首を振るばかりだった。気を変えて二人で出かけたのは、自分たちの大学の主催者側にチカちゃんがいたのと、テーマが「エイティーズ風プロム・パーティ」だと聞いたからだ。

「でも別に男の子がリムジンで迎えに来てくれる訳じゃないのね」葉月は口を尖らせた。

「まあまあ。女の子がパーティに行く目的なんて、ドレス・アップがしたいからということで充分じゃない」と茜は言って、重いドアを開けた。

途端に二人はパーティの熱気とミラー・ボール、ドナルド・フェイゲンの音楽に直撃された。プロジェクターが「ベストヒットＵＳＡ」の、ダーク・スーツの男の子たちと着飾った女の子たちの映像をスクリーンに、映し出している。この八〇年代の洋楽プログラムのビデオは、茜が兄貴から借りてチカちゃんに提供したのだ。

臨時のクローク・コーナーにコートを預けていると、二人を見つけてチカちゃんが飛んできた。ダイアン・フォン・フアンステンバーグ風の派手なプリント地のシャツ・ドレスの胸を大きく開けゴールドの鎖をつけて、ヘアスタイルをレイヤード風にアレンジしている。

「チカ、その八〇年代コスプレ最高！　田中康夫の小説に出てくるヒロインみたい」葉月はチカちゃんを抱きしめた。

　ちょっと笑えるでしょ、とチカちゃんは返して「二人もすごく可愛い。プロム・クィーンにエントリーしていい？」とポラロイド・カメラを持ち出した。

　エイティーズ・スタイルでプロムといえば、これはもうジョン・ヒューズの『プリティ・イン・ピンク』(34)でしょう！　ということで、茜と葉月は古着の重ね着で揃えたのだ。茜は淡いピンクのサテンのシンプルな五〇年代風ドレスの上から、造花のマーガレットを散らしたチュールのフレアー・スカートとオーガンジーのブラウスを着ている。葉月は濃いピンクのブラウスに模造真珠のネックレスを沢山つけて、黒のパンツとピンバッジで飾った帽子でニューウェイブ少女を気取っていた。

「私たちみたいな『チープ・シック』(35)派はプロム・クィーンみたいなタイトルには縁がないし、万が一選ばれたりしたら恥ずかしいからやめて！」という茜と葉月の懇願にもかかわらず、チカちゃんは勝手に二人のポラロイドの余白に名前とナンバーを入れて、クィーン候補のボードに張り出した。

「万が一選ばれても、ジルコンの冠かぶってバングルズの『エターナル・フレーム』でプロム・キングとオナー・ダンスを踊るだけよ」チカちゃんは笑いながら、

(34) モリー・リングウォルド主演の青春映画の傑作。学園プリンスからプロムに誘われる、お金持ちじゃないけどチャーミングなヒロインの物語はまるで少女漫画。モリーの古着ファッションに注目！

(35) お金をかけずに楽しむおしゃれを提唱した本『チープ・シック』。ファッション写真はプレ八〇年代的だけれど、書かれているおしゃれ哲学やアイデアは今でもお役立ち。

二人を残して去っていく。ひっきりなしにOBから届くシャンペンやケーキをさばくので忙しいのだ。

「はああ。派手やかでいいけれど、私は同じ八〇年代だったら、東京オペラシティ(36)みたいな知的で静かな雰囲気の方がいいわ」という葉月のつぶやきは音楽にかき消された。

「みんな私たちが生まれた頃の曲ばかりね」と茜は聞こえるように葉月に耳打ちする。

　プリンスや、葉月も大好きでレコードを持っているワム!(37)みたいに二人が知っている曲もあったけれど、大抵は聞き覚えがあるのにくわしくは知らない、そんな新鮮な音楽だった。

　特にさっきから胸がキュンとするような曲ばかり流れている。何だか私好みだわと葉月が思っていると、チカちゃんがふくれて戻ってきた。集計の結果、彼女がプロム・クィーンに選出されたのだ。

「主催者側からクィーンが出るなんて、パーティが盛り下がることこの上ないわ」

　プロム・キングの人はかっこいい人だし悪くないじゃないと二人がひやかすと、

「ルックスが派手だから誤解されるけれど、私はもっとシャイでキュートなタイプの男の子が好きなの。ほら、今レコードをまわしているような」とチカちゃんはDJブースを指さした。

　その時、スクリッティ・ポリッティからネイキッド・アイズにレコードをつなぐところだったDJが顔を上げたので、葉月と目が合った。葉月はそのまま目をそらしたけれど、男の子の方は古本カフ

(36) 初台にあるギャラリーやコンサート・ホールが入った複合施設。機能美の建物と、現代美術に強いアート・ギャラリー、付属のブック・ショップが八〇年代的。

(37) 『メイク・イット・ビッグ』は「フリーダム」や「ケアレス・ウィスパー」といったブルース・アンド・ソウル風胸キュン・プロム・クラシック満載の彼らのセカンドアルバム。

ェで一度声をかけた女の子だ！　と気がついた。次の瞬間、レコードが止まった。

東京プリンセス　10
春の谷中散策

今年のお花見はどこにする？　千鳥ヶ淵や国立、井の頭公園もいいけれど、谷中の五重塔跡の桜並木にしない？

葉月のお目当ては谷中せんべい、茜のお目当ては羽二重団子だったけれども、とにかく意見がぴったり合った。そんな訳で、「ビニール・シートを用意して本格的にお花見するのもいいけれど、お団子食べながら散歩がてらに桜を見るのも素敵よね」なんて言い訳しながら、コートのライナーを外した暖かい日、二人は大好きなロジャー・ニコルズ（38）を口ずさみながらいそいそと出かけたのだった。

お団子と桜を堪能した後は、前から二人で行きたいと思っていた、念願の朝倉彫塑館（39）へ。洋館と純和風のお屋敷が一緒になった建物が素敵で、白い花を欠かさなかったという大きな池のある中庭に茜はうっとりした。葉月が感激したのは、猫の像がいっぱいに飾られたサンルームの方。

「猫が好きそうな日当たりのいい場所なのがいいし、見て！　どの猫も憎たらしそうでかわいい。朝倉文夫は本当に猫を愛していたんだと思う」

子猫の無防備に伸ばした前足の柔らかそうな肉球を見て、葉月は実家に残して

（38）もはやソフトロック・クラシックの『ロジャー・ニコルズ＆ザ・スモール・サークル・オブ・フレンズ』。このたった一枚しかないアルバムは、乙女のCD棚には欠かせない一枚。心ときめく、春にぴったりな曲がいっぱい。

（39）日本の彫塑界の第一人者、朝倉文夫の自宅兼アトリエ跡の建物。

きた飼い猫のグリスを思い出してしんみりしてしまった。茜は励まして葉月を屋上の空中庭園に連れ出した。

「ここって隅田川花火大会の絶好のビュー・ポイントでしょ！」

「夏になったらまた谷中に来たいなあ。今度はここに浴衣か着物で来るっていうのはどう？」

そう、二人とも前から二十歳の課題の一つとして「着物を着る」という項目を挙げていたのだ。それも成人式のようなイベントで着るのではなく、普段着として着るのがかっこいいよね、なんて生意気を言っていた。

「でも、ケイタマルヤマの振袖は抜群にラブリーだと思う。やっぱり着たいわあ」と茜。

「私は絣とか黄八丈とか渋く着てみたいな」と葉月。

じゃあ今日、アンティーク着物屋さんに挑戦してみる？と言って、「夢市」（2011年閉店）に二人は向かった。

でもせっかく、親切そうなお店の人が「今日は何をお探しなの？」と言ってくれたのに、何だか気後れした葉月は「端切れを見に来ました」と逃げてしまったのだ。

「どうして着物見せて下さい！って言わなかったの？」と店を出た茜はおかんむりだった。

「何よ、茜だってフォローしてくれなかったじゃない！」

二人は喧嘩になりかけたけれど、すぐ近くのお店の前で目が釘付けになって一緒に足が止まってしまった。そこは、光沢のある布を敷きつめたガラス棚の中で、ブローチやネックレスがきらめく、アンティーク・ジュエリーのお店だったのだ。「アンティークガルボ」というその小さなお店には、二人のお小遣いで買えるようなものはないように思えた。二人が躊躇していると、店の奥からかわいらしい女性が現れてドアを開け、「楽しんでいって」と手招きをした。

　彼女は、百年も昔に作られた美しいアクセサリーを二人につけさせてくれただけではなく、「胸ではなく鎖骨の上につける」正しいブローチの留め方や、大きなブローチやイヤリングに革ヒモを通してモダンなペンダントにする方法を教えてくれて、二人に似合うアメリカの五〇年代アンティークのイヤリングを見つけてくれた。

「お見立てではずしたことはないの、ってあのお姉さんは言ってたけれども、お財布の中身まで当てて、プチ・プライスでかわいいものを見つけてくれたとしか思えない！」と茜はブルーのイヤリングをつけてみせた。

「アンティーク着物にあんなコスチューム・ジュエリーをつけて、鈴木清順の映画(40)のヒロインを気取ってみたいな」と葉月も緑の石のイヤリングをつけながらにっこりした。

　一瞬、険悪なムードになったことは忘れて、「乱歩」でコーヒーを飲んで一休みした後、二人は和紙のお店の「いせ辰」へ。そこが谷中散歩の最終地点だったけれど、愛らしい色のポチ袋や紙人形、コースターを見た二人のテンションはその日の最高点だった。

「お店中買い占めたいわ！」

(40) 着物に興味津々、というオリーブ・ガールにお薦めの鈴木清順の映画は「ツィゴイネルワイゼン」。幻のレコードをめぐる不思議な物語と、大楠道代のすばらしい着物が堪能できる。

「ここでなら、高村智恵子の紙絵(41)に匹敵するものを作れるんじゃない？」

なんて興奮気味で手を取り合ったけれど、結局二人ともブックカバー代わりに和紙を一枚買うのに留めておいた。茜は薄い水色に梅の花を散らした模様、葉月は紫の菖蒲の花がデザインされたもの。それぞれ、着たいと思っている着物の柄だった。

東京プリンセス 11
ピクニックデート作戦

「合コンの時代は終わった」お天気のいい日曜日の砧公園(42)。ビニールシート代わりに白いコットンの布を草原に敷く茜と佳奈に向かって葉月は宣言した。

「考えてもみて。照明が暗いところでしかもお酒が入っている身では、相手の男子のルックスも人間性もよく分からないわけよ。その分、グループデートだったら、白昼のもと彼の様々な要素が明らかになるし、選択肢があって楽しいじゃない。遊園地とかピクニックとかね」

「正直に、一対一のステディデートの勇気がまだないからと言ったほうがいいと思います！」佳奈が挙手をした。

葉月が古本カフェで出会って、プロム・パーティで再会した男の子の名前はホシ君という。ホシ君と葉月はあれ以来メールでやりとりするようにはなったけれど、二人きりで会うことはないじれったい関係を続けていた。それで仲間内で持ち上がったのが「ピクニックデート作

(41)「智恵子抄」で有名な高村光太郎の奥さんだけれども、和紙を使った素敵な紙絵はシックで愛らしく、「hoa＊hoa」等の東京デザイナーにもファンが多いとか。

(42) 東京でピクニック向きの公園は？ と聞かれたら、私なら世田谷のこの公園をおすすめします。広い広いグリーンと美術館があるのがポイント。

戦」。グループで会えば二人のギクシャクもどうにかなるのではということで、佳奈と彼氏の吉村君、ホシ君とその友だち、茜と葉月で遊ぶ話がまとまったのだ。

「吉村君とホシ君が同じ大学で知り合いなのは世間が狭いの？　私たちの交際範囲が狭いの？」

「両方じゃないかしらね。それにうちのダーリンはホシ君というよりその友だちの沢田君と仲がいいみたいよ」

　やがて男の子たちがやって来た。ホシ君はピクニックバスケットとポータブル・プレイヤー、吉村君はキャンパス・トートにフリスビーとミニチュア・ダックスフントのチビを入れて来たので、女の子たちはきゃあきゃあ言ってチビを抱きしめた。沢田君は紙袋だけの軽装だったけれど、茜は何故だか彼の皮肉な態度が気に入らなかった。

　ホシ君のバスケットにはランチの代わりにモータウンの7インチレコードがぎっしり詰まっていた。シュープリームス(43)にジャクソン5、ミラクルズにフォー・トップス。軽やかなホーンに彩られたソウル・ミュージック。

「ピクニックには絶好のBGMでしょ」

と彼は自慢気だ。

「ご馳走が詰まっているのかと思った！　夢なのよね、籐のバスケットに陶器のお皿や銀のカートラリー、デリやワインの瓶を入れてピクニックに行くの」

　茜がうっとり言うと、沢田君がふふんと笑った。

「そんなの持ったら腕が抜けるよ。お姫様にはお供が必要だな。ピクニックのルールその1。荷物は軽くするべし！」

(43) モータウンのトレードマークでもある、心躍るリズム・パターンの名曲といったら、シュープリームスの「恋はあせらず」。この曲が収められている「LOVE&LIFE」は、ときめくような名曲がいっぱい！

そう言って彼はお弁当を紙袋から出した。サーモンとチーズクリーム、ナスとトマトを炒めたものを具にしたライ麦パンのサンドイッチに焼きおにぎり、バター・フライドポテト、透明なゼリーの中で刻んだゆで卵や野菜が輝くマセドワン・サラダ。みんなから歓声が上がった。

葉月が持ってくるワインに合わせて、山羊のチーズとクラッカーと洋梨しか持ってこなかった茜は、私も『ムーミンママのお料理の本』(44)から得意のピクニックパイとサラダを作ってくればよかった！　と後悔した。「包んできたものはみんな捨てていけば帰りも軽いだろ？」という沢田君がムーミンに出てくる嫌味なスノークに見えた。

東京のジェイミー・オリバーとみんなが彼の料理を絶賛している時も、「彼のほうがずっとハンサム」と冷ややかに言ってしまって、茜は自分でも慌てた。おまけに動転してワインの瓶をひっくり返してしまったのだ。

白い布の消えないシミを見て沢田君は一言。「ピクニックのルールその2。敷物はビニールシートかゴザに限る！」しゃくにさわる奴！　と茜は赤くなった。

お腹いっぱいになってひと休みすると、吉村君はチビをフリスビー・ドッグにするべく、訓練をはじめた。ミニチュア・ダックスってあんまり頭が良くないから無理だと思うんだけれどね、という佳奈の言葉通り、チビは喜んで駆け回るだけなので、フリスビーをキャッチするのは次第に人間のほうになった。

しかし、茜が投げる段になると、フリスビーはへろへろとあさっての方向に飛

(44) ムーミンのお話にちなんだフィンランドの料理のレシピがいっぱいの本は、お料理好きの乙女の間では隠れクラシック。「スナフキンの物思いスープ」なんてネーミングもかわいい。

んでいって、ゲームが続かない。見かねて沢田君がからかい半分に言った。

「ピクニックのルールその3。フリスビーは手首にスナップをきかせるべし。卵を割る時と同じだよ、料理のレッスンで習っただろう？」

「男子のくせに『麗しのサブリナ』(45)の引用なんかしないでよ！」と茜がかっとなってフリスビーを投げた瞬間、それが縦に鋭く飛んで沢田君の額を直撃したので……二人が恋に落ちるのは当分先のこととなった。

(45) パリからレディになって帰ってきたサブリナに、お屋敷のプレイボーイの次男だけではなく、無骨な長男も胸をときめかして…。オードリー・ヘプバーンの代表作のひとつ。お料理レッスンはパリのパートで出てきます。

東京プリンセス 12
雨の図書館

「長雨の季節はユーウツ」。有栖川宮記念公園を歩きながら、葉月はふてくされてつぶやいた。

「前期試験が近くて、レポートの締め切り二つもあるというのに、わざわざ広尾の図書館まで行くなんて茜は物好きね。資料なんて自分の部屋でネット検索すれば済むことでしょう？」

「まあ、パソコンがクラッシュしてレポートのデータが飛んだって泣きついてきたのは誰？」

　赤い傘をさした茜がくるりと振り向いた。

「私は試験勉強は図書館ですることにし

ているの。それも都立中央図書館でなくてはダメ」

公園内の高台にある図書館は、茜のお気に入りの空間だ。静ひつな雰囲気で、大好きな本が沢山あって、「何よりも眺めが最高！」。

試験シーズンはいつも学生でいっぱいだけれど、平日の早い時間に来たので席は空いていた。茜は慣れた様子でコンピューターで本を検索し、請求書を打ち出してカウンターに持っていく。葉月もそれに倣ってみたら、大学や地元の図書館では見つからなかった資料が次々出てきた。

葉月が戻ってくると、茜は一足先に自分の席に本を積み上げて、ノートを開いていた。ノートパソコンは持って来なかったの？　と葉月が言うと、

「最近、パソコンの画面上じゃなくて、ノートにペンで文章を書くのが、手ごたえがあって好きなの。映画をビデオではなく映画館で観ているような感じ」

「そうねえ、書いたものが勝手に消えちゃう危険性もないしね」

消えてしまったレポートのことを考えて、葉月はため息をついた。茜をお手本にして、私も今回のレポートはノートに下書きしよう。葉月は大学ノートを開いて、B・iCのボールペンを走らせた。手ごろで書きやすいこのボールペンと、小さな消しゴムがついているDIXONの懐かしい鉛筆は、安くてかわいいので最近のお気に入りなのだ。

「葉月は雨が好きじゃないけれど、私は雨の日って好きなの」と、茜がふと顔を上げて小声で耳打ちするように言った。

(46) 台詞がすべてミッシェル・ルグランの哀愁に満ちた素晴らしいメロディで歌われる、ジャック・ドゥミ監督のミュージカル。オープニングの傘とカトリーヌ・ドヌーヴの美しさときたら！

「『シェルブールの雨傘』(46)は私の一番好きな悲恋物語だわ」

　ロマンティックな音楽を思い出して、茜はうっとりと窓の外の雨に濡れた公園を見た。

「あの映画は素敵だったけれど、私は雨の日でもハッピーにさせてくれるものが好きだわ」

　葉月はついバート・バカラックの「雨にぬれても」(47)をハミングした。同じ机で書き物をしていた紳士が、しっ、と言って唇にひとさし指を当てたので、二人は首をすくめた。

　雨の日の図書館には何か特別な魔法があるみたい。いつもは遅々として進まないレポートに不思議と集中している自分に気がついて、葉月は思った。

「飽きっぽい私でも、こんな静かで素敵な場所なら、プルーストや『チボー家の人々』を読み通すこともできるかしら?」

　そう茜に聞こうとしてノートから顔を上げると、茜はレポートを放棄して、こっそり持ってきたミステリーを読んでいた。

「茜! 何をしているの!」

「ごめん。ごめん。雨の日って何か勉強に身が入らないのよね」

　言ってることが違うじゃないと怒ろうと思ったけれど、茜が読んでいるのが『スイート・ホーム殺人事件』(48)だと気がついて葉月はにっこりしてしまった。

「それ、子どもたちがおしゃまでかわいいよねえ。ついでに出てくる御飯がおいしそうで」

「そうなのよ。私、さっきから何だかお腹が空いちゃって!」

(47)希代のメロディ・メーカーにしてロマンス・グレーの粋なおじさまのバート・バカラック。「雨にぬれても」が入っているのは『Sweet Melodies』。

もう少しして勉強が一段落したら、「ナショナル麻布」マーケットで何かおいしいものを買って、葉月の部屋でお茶することで話はまとまった。

「あそこに行くたびに、お肉のバリエーションには圧倒されるわ。鴨や兎や七面鳥の冷凍肉がどーんとあって！」

「それと、すっごく大きなアップル・パイがあるでしょう！　あれ、何人で食べるんだろう」

同じ机の紳士は今度は大きめにせき払いしたので、二人は慌てて両手を合わせて謝るゼスチャーをして、その場を離れた。

「その後、『ブーランジェリー・ブルディガラ』に行ってもいい？　ママからパンを買ってきてって頼まれているの」

「いいなあ。あそこのウィンドウに飾られている小さなタルトは芸術品よね」

この間、「タンタンの冒険」展を見て以来ファンの葉月は、「タンタン・ボックス」(49)にも寄りたいと思った。

「今度はよく晴れた日に来て、スタンドでコーヒー買って、公園でサンドイッチを食べようね」

「降っても晴れても図書館！」

花のように傘を広げて、二人は広尾の町へと下りて行った。

東京プリンセス　13
日本橋クルーズ

夏休みに入るちょっと前、茜と葉月はつまらないことで喧嘩をした。争点はフ

(48) クレイグ・ライスの定番ミステリー。シングル・マザーで推理小説家のママのため、事件を解決して、ついでに独身の刑事さんとくっつけようとする3人の子どもたちが主人公。

(49) 少年記者タンタンのキャラクター・グッズが揃うプチサイズ・ショップ。ベルギー生まれだけあって、エスプリたっぷり。

ルーツ・サンド。茜は「千疋屋」のものが一番だと言うし、葉月は「万惣」の方がおいしいと譲らない。

　どっちのフルーツの方がおいしいだの、喫茶のウェイトレスの制服がかわいいだのと言い合っているのを聞いて、茜のママが二人に言った。

「私なら日本橋高島屋の『レモン』に軍配を上げるわね」（2012年閉店）

　それでは究極のフルーツ・サンドを食べに！　と、学校の試験が終わると二人はいそいそと日傘をさして日本橋へと向かった。

「銀座から地下鉄で二駅。ちょっと頑張れば銀座からだって歩いて行けちゃう距離なのに、この街ってすっごくレトロ」

　日本橋の駅に降り立った茜はこのエリアが持つ大人の雰囲気に浸っていた。

（50）美しい手漉きの和紙を扱う老舗。金魚鉢の形をしたシールをはじめとする金魚グッズが、愛らしくてオリーブガール向きです。

（51）憧れのリッチ・デパートに就職したミス・ラッキーが、デパートの秘密文書を狙うスパイ相手に大活躍！　往年のハリウッド映画みたいな高野文子の漫画。読むとオムライスが食べたくなる。

「昭和初期のお嬢様になった気分。日本の夏って感じ」

　レトロがキーワードということで、と茜は小花の刺繍が施された細長いちりめんの袋を出した。それはお友達の京都みやげの扇子で、ぱっと開くと淡い緑の水の中で金魚が泳ぐ涼しげな柄が現れた。

「小鳥、ミツバチ、金魚は乙女が好きな三大チャームだけれど、夏はやっぱり金魚よねえ」と、茜に扇子をあおいでもらって葉月は微笑む。

「後で『榛原』（50）に行きましょうよ。シールとかコースターとか金魚の紙小物のかわいいのがあるんだ」

「『丸善』にも寄って。ペンギン・ブックのペーパーバックとオーディオ・ブックのセットが欲しいの」と葉月は言った。

セシル・ビートンのおしゃれなモノクロ

写真が表紙のフィッツジェラルドの『夜はやさし』のオーディオ・ブックを見て、カセットで朗読を聞きながらペーパーバックを読むことを今年の夏の課題にしようと思ったのだ。

　高島屋に一歩踏み入れ、二階まで吹き抜けになっている空間を見て、二人は顔を見合わせた。

「ねえ、これって……」

「そう、『ラッキー嬢ちゃんのあたらしい仕事』(51)のデパートだよね！」

「見て、あのクラシカルなエレベーター、素敵！」と茜は目を輝かせた。「憧れの真鍮のシリンダー扉だわ」。

　もう後ろに帽子の箱をいくつも抱えた男性を従えて、子犬を抱えて店内歩くしかないでしょ！　と二人ははしゃいだ。

「デパートって大好き。落ち込んでいても、お買い物をすると元気になるし。私って『クルーレス』(52)のヒロインみたいに単純なんだわ」と茜が言うと、「私がデパートで好きなのはいつも涼しいってことね」と葉月は答えた。

「デパートから連想するもの全てはヒンヤリしていて心地いい。エレベーター・ミュージックにぴったりなワルター・ワンダレイ(53)の音楽みたいに」

　そしてフルーツ・サンドみたいに、と言いながら二人はお目当ての地下一階のフルーツ・パーラー『レモン』に降りていった。カウンターの隣に座った常連らしき女の人が、お寿司を注文するみたいに次々とフルーツを頼むのを羨望の眼差しで見ながら、茜と葉月は念願のフルーツ・サンドを食べた。

　搾ったレモンをふりかけて、パンをし

(52) おしゃれと買い物に夢中な女子高生シェール。でも人気者の座を転校生に奪われて……。アリシア・シルバーストーンのファッションがキュート！な青春映画の傑作。

(53) オルガンで涼しげに奏でられる夏のスタンダード・ナンバー。ワルター・ワンダレイのCDを1枚買うなら、『バトゥカーダ』。フランソワーズ・アルディのカバーがラブリー。

っとりさせてから食べるフルーツ・サンドは本当においしかった。おやつでもなければランチでもない、フルーツ・サンドは特別な食べ物で、存在自体が崇高なのだから優劣をつけるなんて馬鹿げているという乙女らしい結論に二人は達して、フルーツ・ジュースで乾杯した。

ところで最近、ホシ君と連絡取ってる？　と茜が聞くと、彼、今のところ実家に帰ってるのと葉月は答えた。

「夏はメールだけの涼しいお付き合いにしたい」と葉月は言ってるけれど、チカちゃんがホシ君好きなのを気にしてるのかなあ、まあ、それこそ暑苦しい詮索はよしましょうと茜は思った。

「あのホシ君の失礼なお友達も実家に帰ったのかしらね」と茜が言ったので、葉月は口からストローを落としそうになった。春のピクニック以来、「ルールその1」は仲間内のちょっとした流行語だったけれど、茜があんまり怒るのでみんな使うのをやめてしまったのだ。

「茜は沢田君が嫌いかと思ってたのに！」

「やあね。特に意味はないわよ。どうしてるかなってだけ」

葉月はちょっとお行儀悪く、カウンターに肘をついたままメロン・ジュースを飲み干し、茜は扇子を開いて、火照った頬を冷やすようにパタパタさせた。夏はまだ始まったばかり。

東京プリンセス 14

青山ジャズクラブ

「じゃあ、夕方五時に表参道の『ヨックモック』で」

茜と葉月は少し早めの時間に待ち合わせをして「根津～骨董通りの青山文学少女コース」と二人が呼んでいるお散歩ルートを、お目当ての場所に行く前にちょっと流しておくことにした。

週に半分しか開いていない、「日月堂」という古本屋さん。マンションの一室にあるそこのお店はとっておきの空間で、鮮やかな赤のフロアには、大正モダンの美しい貴重な本の数々が飾ってある。もちろん二人が買うのはもっとお手頃な値段の文庫本だけれども、素敵な装丁は眺めているだけで楽しかった。

それから「IDÉE」の前にある小さな白いスタンドの「エディターズ・スプートニク」。てっきりコーヒー・スタンドだと思っていたら古本や雑貨も売っていて、ここでコーヒーとデニッシュをたのんで、ペーパーバックや写真集を見ながらお店のお兄さんと話すのが、最近の二人の習慣になっていた。

いつもなら、ここで「書斎館」(54)に寄って、ガラス棚に飾られたアンティーク・ステーショナリーを見ながらお茶するのが終着点なのだが、今日はちょっと違う。「スプートニク」でも、あれ、今日はお洒落さんなんだなとからかわれた。

「ちょっと違うでしょ？」お向かいを指さした。

「今日は私たち、念願のブルーノート・

(54) アンティーク文房具屋さん兼カフェ。図書館の閲覧室のようなカフェは落ち着いて本を読んでお茶を飲むのにぴったり。ショップカードが本のしおりサイズなのが素敵。

デビューなの！」

　いつも行くライブはスタンディング。大抵はペリエ、時々はビールを飲みながらTシャツとスニーカーで気楽に楽しむのだけれども、いつかジャズ・クラブにも行ってみたいよねと二人は前から話していた。葉月が大好きなジョイス（55）がライブで来ることを知って、とうとう行くことに決めたのだ。

　ジャズ・クラブ・デビューに際して、二人は「自分たちなりにドレス・コードを作って、照れずにおしゃれする」と決めた。

「カジュアルは行き慣れた人ならかっこいいけれど、私たちがいつもの格好で行くと場違いな気がして、気後れすると思う」

「ただ、あんまり決めすぎても恥ずかしくない？」

　でも、思い切って買ったのに着る機会がなくて、ワードローブでデッドになっている服ってあるよねえという話になった。

「私、あのマルニの花柄のサマードレスと、ずっとしまってあるエマ・ホープの靴、おろすわ」と茜は決意したように言った。

　茜はいつもはかわいいけれど、あの服を着るとすごくフェミニン、と葉月は言って、私もヴィンテージ・ショップで買ったあの、ブラック・ミニ・ドレスを着ていこうと決めた。

『悲しみよこんにちは』（56）でセシルが着ていたドレスにそっくり！　と思って一目惚れしたその服は、いつも買う古着のサマー・ワンピースが十着以上買える

（55）ジョイスお薦めのCDは「フェミニーナ、そして水と光」「オグンの村」のスキャットがなんとも涼しげ。

お値段だった。けれども、試着したらもう我慢出来なくなって、レジに直行していたのだ。

　靴はママからマノロ・ブラニクのパンプスを〝借りる〟つもりだった。そしたら、「葉月に貸すとヘンなクセや傷をつけてくるから貸すのはダメ」と言って、「だからお誕生日であげることにするわ」とママが思いがけないプレゼントをしてくれた。

　あなた達の年頃がブランドでかためると野暮だから、どこか外しなさいという葉月ママのアドバイスに従って、アンティークのビニール・バッグと籠をハンドバッグ代わりに持った。

　それでもいつものトート・バッグに比べるとお澄ましよね、と言いながら二人は地下のフロアに降りていった。テーブルについてグラス・ワインとサラダと前菜を注文してようやく人心地ついた二人は、薄暗い店内を見回した。お客さんの大半はスクエアなスーツのビジネスマンとOLのカップルで、ジーンズのグループもちらほらいたが、二人の目にとまったのは、お洒落な外国人のカップルだった。

　シルバーのホルターネックのドレスを着こなして、スマートにシャンペンを飲むその女性を見て、まるでアーウィン・ショー(57)のヒロインみたい、と茜はため息をついた。

「私たち、エスコート役を忘れていたわね」と葉月に言うと、彼女はふふんと笑った。

「あんな濃紺の麻のスーツにアイス・ブルーのシャツを持っている男子が私たち

(56)『悲しみよこんにちは』はサガンの同名小説の映画化作品で、バカンス映画のクラシック。セシルを演じるジーン・セバーグのファッションは、今見てもお手本になります。

(57) アーウィン・ショーの短編小説集『夏服を着た女たち』に出てくる女性はみんな印象的。

の周囲にいる？　入学式かリクルートのスーツでエスコートされるのがオチよ。私たちは二人で充分にかっこいいの。自信を持たなきゃ」

　ステージにギターを抱えたジョイスが登場して、周囲は歓声に包まれた。茜と葉月はそっと乾杯をした。ちょっとだけ大人になった記念に。

東京プリンセス　15
国立のおばさん

「三角屋根の駅を出ると、アーケードに白い時計台」と茜は国立駅の改札を抜けながら葉月に言った。「後は並木通りをずうっとまっすぐ。タンタンが小さい時、私に教えてくれた家までの道順。この街はあの頃からずっと変わっていないわ」

　葉月は国立は初めてだったけれども、ここはヨーロッパの大学都市みたいにロマンティックなところだと思った。大学通りの並木道の銀杏と桜はすっかり黄色く染まって、秋の気配だった。落ち葉を踏みしめながら、通り過ぎてゆくお店を茜は葉月に説明してゆく。

「人生で一番最初に通ったカフェ」の「邪宗門」(58)と「ロージナ茶房」、外国の絵本や着せ替え人形を買ってもらった「銀杏書房」、小さなフレンチ・レストラン、よく散歩した一橋大学の構内……。

　この街には茜の伯母さんが住んでいるのだ。友だちの親戚を訪ねるなんて不思議な気がするけれど、茜の自慢の「タンタン」だから、と葉月は思った。タンタ

(58) マジシャンでもある名物マスターでおなじみ、不思議なアンティークに囲まれた、国立の老舗カフェ。ぶどうジュースもおいしくておすすめ。

ンの本名は妙子さんだったけれども、「おばさん」と呼ばれるのも名前で呼ばれるのも嫌いだった。イタリア語で「おばさん」って意味だし、呼びやすいからいいでしょと言って小さな茜に自分をタンタンと呼ばせていた。

　タンタンは様々な逸話の持ち主で、茜のママは「あなたは悪いことはみんな妙子さんから覚えてくる」とよく嘆いた。タンタンの家に泊まった翌日、茜がマニキュアを塗った爪で小学校に登校して、先生にさんざん怒られたこともあった。でも、茜はタンタンが大好きだった。二人は姉妹みたいに仲がいいのだ。

　久しぶりにヨーロッパから帰ってきたタンタンを二人で訪問することが決まった時、「目上の方にお呼ばれするのなら、それなりにきちんとした格好をして、何かおみやげを持っていかなくちゃだわよね」と葉月は茜に聞いた。茜は、タンタンはスクエアな格好で行くよりも、おしゃれしていく方が喜ぶと思う、それとお花に目がないのと答えた。だから葉月はジャケットの色に合わせた枯葉色のコーデュロイの中折れ帽をかぶって、新しいブーツを履いていくことにした。手には白いカラーの花束を抱えている。茜は白い襟のクラシカルな黒いワンピースの上に、真っ赤なケープをしている。

　タンタンの家は、大学通りを少し外れた静かな場所にある、モダンな一軒家だった。玄関に出てきたタンタンが想像していた以上に若くて美しかったので、葉月はちょっと緊張してしまった。ヴェロニク・ブランキーノの黒い服を着た瞳の大きな女性で、アヌーク・エーメ(59)

(59) 美しい大人の女性の代名詞、アヌーク・エーメ。彼女がクールな令嬢に扮したフェデリコ・フェリーニの『甘い生活』はローマの社交界のデカダンスを興味深く描いたゴージャスな傑作。

によく似ていた。

しかし、しゃべり始めるとタンタンのイメージは一変した。彼女は陽気でおしゃべりで、さばさばした男っぽい性格なのだ。タンタンがアンニュイで神秘的な美女に見えるのは最初の五分だけよねえ、と茜が言うと、五分で終わる恋がこれまた多いのよとタンタンは華やかに笑った。

大きなトルコ・ブルーの壺に生けられた秋バラが香る居間には、タンタンの心づくしの料理がアンティークの和食器に盛られていた。生ハムにフルーツ。庭で摘んだハーブのサラダ。殻つきの牡蠣。クリーム・チャウダー。飴色に輝くロースト・チキン。葉月がこんなに食べられないかもと呟くと、ワインのコルクを抜きながらタンタンはきっぱり宣言した。

「今日は女子だけで、大いに飲んで食べて夜通し騒ぐのよ。ダイエットなんて言ったら承知しないから」

それから三人は、ワインをたくさん飲んで、大好きなフランソワーズ・アルディ（60）のレコードを次々にかけて、まるで昔からの友だち同士みたいに夜更けまでさんざんお喋りした。あんまり楽しすぎて茜と葉月は終電を逃し、その日はタンタンの家に泊まることになった。

真新しいリネンのシーツの上に借り物のシルクのパジャマで寝ころんで、書斎から持ち出したボリス・ヴィアン（61）の文庫を読んでいた葉月は、ふと気がついて茜にたずねた。

「ところでタンタンって、何の仕事をしているの？」

髪をブラッシングしていた茜は手を止めて、「それが正確にはよく分からない
（60）ヒット曲「さよならを教えて」で知られる、フランスの素敵な女性シンガー。長い髪とギターがトレードマークの彼女の歌は、とてもムーディで文学的。

（61）カクテルを作る自動ピアノの発明者コランと、肺に睡蓮が咲く奇病に罹ったその恋人クロエの悲恋を描くボリス・ヴィアンの美しくも幻想的な小説『日々の泡』は、オリーブガールの必読書。

の」と言った。

「今は銀座のギャラリーで働いているらしいけれど、しょっちゅう海外に行ってるし。好きな仕事をしているのは確かだけれども。あの人は謎も多いのよ」

葉月はふうん、とあくびをして枕に頭をつけて目を閉じた。茜が電気を消すと、

「大人になったら私もタンタンになりたいわ、恋を半ば職業にして」と寝言のように葉月は言った。

東京プリンセス　16
目白クルージング

「ねえ、金井美恵子の目白四部作(62)で何が一番好き?」


いつも学食で一緒にランチを取る仲間たちの間で、そんな話題で盛り上がったことがあった。みんなあの小説シリーズの大ファンだったから、『文章教室』の意地悪さがいいの、主人公が美少年だから『道化師の恋』がいいのと激論になり、茜と葉月、二人の多数決で『小春日和』に決まったところで、「一度目白ツアー組もうよ!」ということで話がまとまったのだ。

それからしばらくたった、秋の日。目白駅には茜と葉月、佳奈と史子さんが集まった。

まずは切手の博物館へ。ちょっと寄るつもりだけだったのに、新作切手の展示会を見て、みんなその愛らしさに夢中になってしまった。「最小の芸術絵画だわ」「まるでミニアチュールの宝石みたい

(62) 金井美恵子の連作小説。痛烈な皮肉と日常のディテールでどれも楽しいけれど、やはり大学生の桃子と花子、桃子が居候している先の作家のおばさんの日々を描いた少女小説「小春日和」がオススメ。

ね！」と四人は囁き合い、切手ファンのおじさまたちが集まる切手フォーラムのコーナーに、切手を買いに走った。

切手マニアの男の子なんて、小学生の時は軽蔑していたけれど、こんなに素敵なものだなんて知らなかった、と繊細なグラシン紙に包まれた小さな切手を手にして葉月は思った。茜と葉月は、オランダのものを気に入って買っていた。葉月はポップな色でおとぎ話の主人公がモダンに描かれたもの、茜はオレンジや濃い緑の地に白く、切り絵のように少年少女が抜かれたもの。

シートで買ったのだからシェアしない？　という意見が出ると、アンティーク・レースのパターンが美しいハンガリーの切手を買った史子さんが言った。

「それよりも、この切手が使えるうちにその国に行って、今日集まったみんなに手紙を出しましょうよ。そうして分けた方がずっとロマンティックだわ」

(63) ブルターニュで素敵な彼を見つけたフェリシーは、彼と連絡が取れなくなったばかりか、子供を宿してしまって……。「冬物語」はエリック・ロメール「四季の物語」四部作のひとつ。

「素敵！　私ね、アムステルダムって今一番行ってみたい都市なの」と茜が言うと、葉月が「この間までプラハって言ってたくせに」と茶化した。

「でも、ヨーロッパ行くのなら卒業旅行じゃない？　どうせチェコはユーレイル・パスは使えないんだし」

「それよりも、あたしはチャドに行かなきゃダメってこと？」

とサルバドール・ダリのポートレイト切手を買った佳奈が言ったので、それはユーレイル・パスどころの騒ぎじゃないわねと、目白庭園を通る道すがらみんな笑った。

「茜たちはユーレイル・パスでヨーロッ

パまわる予定なの？」

と史子さんは聞いた。

「卒業旅行なんてまだ先の話だけれど、そうしようって言ってるの。列車の旅がいいよね」

それで『恋人までの距離《ディスタンス》』って映画のイーサン・ホークとジュリー・デルビーみたいな出会いがあったらいいんだけどなあ、と茜がうっとりすると、佳奈が「エリック・ロメールの『冬物語』(63)のヒロインみたいなことになったらどうする？」と言うので、今度は「ロメールの映画で何が一番好き？」という話題になった。茜と葉月が『四つの冒険』！と声を合わせた。史子さんは心の中で、この娘たちってあの映画のレネットとミラベルにそっくりだわ！と思って目を見開いた。


やがて、今日一番のお目当て、自由学園明日館(64)が見えてきた。前庭を囲むようにして広がる、アイリッシュ・グリーンの屋根。幾何学模様の枠に区切られた窓。思っていたよりもずっと素敵で、いつもはお喋りな四人が黙って回廊を歩いた。何か喋ると、この建物を取り巻いている静かで清らかな雰囲気が壊れてしまいそうだったから。教室をのぞいた茜は葉月に、あの六角形の背がついた椅子が素敵、と耳元で囁いた。

壁画が飾ってあるホールに入って、紅茶とパウンド・ケーキでみんなほっと一息ついた。

「みんな、白い襟と紺の服で寄宿舎の女学生のコスプレで来ればよかったわよね。それで、史子さんがピアノ弾いて『野ばら』(65)とか歌うの」という佳奈の発言

(64) 学校として1925年に建てられた美しい建築物。フランク・ロイド・ライトの作品。

(65) 乙女の基本、シューベルトの歌曲。ウィーン少年合唱団のものがポピュラーだけど、『野ばら——音楽に寄せてシューベルト名歌曲集』では、代表曲がバラエティに富んだ歌手で聴ける。

に、他の三人は声をたてないように両手で口を押さえて忍び笑いをした。その仕草って乙女っぽい、と誰かが言ったので、堪えきれなくなった四人の笑い声はホールに響いた。

「ねえ。恒例のクリスマス・パーティだけど、私も史子さんもダーリンと過ごすのよ。二人はクリスマス、どうするの?」と佳奈に聞かれて、「葉月ったらデートの予定があるのよ」と茜は口をすべらした。

葉月はテーブルの下で茜の足を蹴って、茜とダブル・デートなの! とあわてて言った。

「聞き捨てならないわね。二人とも、相手は誰なの?」佳奈と史子さんの好奇心に満ちた目と額が、二人に近づいていった。

(66) 東京プリンスホテルの前庭にある、オープンエアテラス付きの洋食レストラン。多角形の建物でレトロな雰囲気。(閉店)

東京プリンセス 最終回
恋の東京タワー

「東京タワー・ベスト・ビュー。コンコルド広場から見るエッフェル塔よりいかしている」

増上寺の朱色の門、そして大殿越しに見えるタワーを指さして、沢田君が言った。

「かっこいい! 外国人が考えるトーキョーってきっとこんなだろうなあ」とホシ君が言うと、クリスマスのダブル・デートで、どうして待ち合わせが浜松町なの? といぶかしがっていた茜と葉月もはしゃぎだした。

「東京都民なのにまだ登ったことがないのよね、一回来てみたかったんだ」と茜は言った。

タワーは暮れ時に登ることにして、まずは東京プリンスホテルの「レストラン プリンスビラ」(66)でお茶を飲みながらささやかなプレゼント交換をとなった。

茜と沢田君はお互いのプレゼントを開けて苦笑いした。フリスビー・ディスクとジェイミー・オリバーの料理本だったのだ。

葉月から茜へのプレゼントは、渋谷の「Ｎｅｃｋｌａｃｅ－ｎｅｃｋｌａｃｅ」というお店で見つけたアンティークのビーズをつないだ、ハンドメイドのブレスレットだった。

「グリーンのグラデーションが美しいわ」と茜は喜んで手首に通した。茜の方は、葉月のイニシャルを刺繍で入れたランチョン・マットを作っていた。

「女子のクラフト精神はすごいな」と男の子たちはつぶやいた。

葉月がホシ君にブローティガンの『愛のゆくえ』(67)を贈ると、照れたように、欲しかったんだと言って微笑んだ。

ホシ君から葉月へのプレゼントはノラ・ジョーンズ(68)のCDだった。

「それ、いいよね。僕も大好き。ずっと残ってクラシックになるCDだと思う。キャロル・キングやジョニ・ミッチェルやローラ・ニーロみたいに」と沢田君が言うと、「今言ったシンガー、みんな好きだわ」と茜が応えた。それから、いま人気があるものでクラシックとして残るものは何だろうという話になった。

「『アメリ』はもうクラシックじゃない?」「今年公開だと、『ザ・ロイヤル・

(67) リチャード・ブローティガンの小説。誰も読まない本を受け入れている奇妙な図書館に勤める内気な男の前に、傷ついた絶世の美女が現れるという、ラブ・ストーリー。

(68) 大ヒットしたノラ・ジョーンズの『Come Away With Me』。若い女の子とは思えない、深い歌声をシンプルでノスタルジックなバックにのせて歌うこのファーストアルバムは名作！ 秋の夜長に聴きたい。

テネンバウムズ』(69)はクラシックだよな」

時が経っても変わらずに素敵なものが好きだわ、と茜は思った。でも時の経過と共に変わるものもある。東京タワーの展望台で、手すりに置いた葉月とホシ君の手が、小指の分だけ重なっていることに気がついて、茜はそっと隣を離れた。

スーベニール・ショップでピン・バッジを物色していた沢田君も気がついて、茜に言った。

「あの二人がつき合うことになったら、君、寂しいかい?」

「まさか! 二人とも受け身で進展しないからジリジリしてたのよ」と彼女は答えた。

「最高に楽しい時がシンクロする瞬間って、女の子同士にはある。そういう時はちょっと減っちゃうかもしれないけどね」

(私たち、いつまでこうしてられるかな?)いつだったか葉月が葉山の海岸でそう言った時のことを、茜は思い出していた。

女子版のトム・ソーヤとハックルベリー・フィンだね、と沢田君は茜の帽子を取って楕円形の地球にタワーをあしらったピン・バッジをつけてくれた。

「フリスビー早く上手になれよ」

茜は返してもらった帽子をぐっと目深にかぶった。

葉月は知らずに、輝く夜景をドキドキしながら眺めていた。

「お台場と葛西臨海公園の観覧車が両方見える。ライト・アップしてて花火みたい」と言うと、ホシ君が「今度、二人で

(69)ウェス・アンダーソン監督の『ザ・ロイヤル・テネンバウムズ』は元天才児だった兄妹と、ダメ親父なパパをめぐる奇妙で感動的なコメディ。

行こう」と耳打ちした。

混んでいる展望台をようやく抜け出した頃には、東京タワーもライト・アップで輝いていた。さっきまでホシ君といいムードだったはずの葉月は、寒いからと茜と腕を組んで歩いている。女の子たちはティアラ型のヘア・アクセサリーについて、お喋りしていた。

「プロム・クィーンみたいでかわいいよね、あれ。でも町中でつけたら浮くかな?」

「いいんじゃない、私はお姫様なのよって胸をはっていれば」

突然、思いついたように前を歩いていた男子二人が、「東京タワーをバックにして記念写真を撮ろう」と言い出した。二人や三人のグループで撮った後、なぜかホシ君が茜と葉月一人一人の写真を接写で撮ってくれた。

茜も葉月もどうしてそんなふうにして彼が撮ったのか、よくわからなかった。でも、ホシ君の肩越しに構図を見ていた沢田君には意図が伝わった。

女の子の頭の上にちょこんと乗った東京タワー。それはジルコンのティアラよりも、ずっと東京のお姫様たちにふさわしい王冠だった。

東京プリンセス　特別篇

二十歳のTo Doリスト

「東京で行きたい場所がたくさんあるの」

　咲ちゃんにそう言われて、私が連れて行ってあげるから任せておいてねと答えたのだけど、彼女の「行きたいところリスト」を見たらちょっと困ってしまった。

　咲ちゃんは、最新のお洒落なカフェや流行のスポットにはあまり興味がないみたい。東京育ちの私が行ったことがないような、渋いところにばかり行きたがる。彼女とどこかに出かけることは、私にとってはいつも冒険だ。大学の試験が終わって、長い夏休みに入ったばかりの時、私たちはとりあえず咲ちゃんの「行きたいところリスト」から、東京駅の近くのKITTEの中にあるインターメディア・テクというミュージアム・スペースと、和田倉噴水公園を選んで行くことにした。

「そのワンピース、すごく可愛い。ブリジット・バルドーが昔の映画で着ていた服みたい」

　東京駅の丸の内南口のドーム型のスペースで待ち合わせた咲ちゃんは、私が着ていたシアサッカーのミニ・ワンピースを見て言った。去年の夏、アメリカン・アパレルで買ったものだ。

「舞子ちゃんは脚が長いからそういう服、似合うよね」

　咲ちゃんも今日はサマーワンピースだ。キャンディストライプのコットン生地で、胸元に凝った細工のボタンが並び、小さなレースの襟がついている。ポロシャツかボタンダウンのシャツにチノパンやデニムという、大学にいる時のいつもの彼女のスタイルと違う。ちょっとレトロなフォルムだけど、上品で、咲ちゃんに似合っている。

「これね、お母さんからもらったアメリカの六〇年代の古着なんだ。古着でかつお母さんのものだなんて、二重のお古だよね」

咲ちゃんは笑った。

咲ちゃんのお母さんは高校生の頃、大好きな少女ファッション雑誌があって、そこに載っている服が欲しいばかりに、高校三年生の夏休みにわざわざ東京の予備校で夏期講習を受けることを口実に上京したらしい。

「でもね、行きたかったお店の服は全部高くて、手が届かなかったんだって。一軒だけ、青山の裏通りで六〇年代の服を扱う古着屋さんに行って、このワンピースを買ったらしいよ」

古い郵便局のビルを改造したKITTEには、気になるブティックや雑貨屋さんが入っていたけれど、まずは咲ちゃんが行きたがっていたインターメディア・テクに行った。東京大学総合研究博物館の所蔵品が飾られているミュージアムだという。

中に入ると、赤紫の布が底に張られた木枠のガラスケースの中に、古い剝製や標本がずらりと並べられてある。クジラの大きな骨格標本やコーヒー色に褪せた古い地球儀が置かれたフロアには、ところどころビロードの一人がけのソファが置かれていた。博物館というよりは、大学の研究室を巨大化したみたい。

咲ちゃんは様々な色の鉱物が詰まったコレクション箱を見て、興奮している。

「私、ここでウェス・アンダーソン監督とデートがしたい！」

窓の向こうにある東京駅の赤煉瓦の駅舎を見ながら、咲ちゃんと一緒に観た『グランド・ブダペスト・ホテル』を思い出して、確かにここの雰囲気は、ウェス・アンダーソンの美意識に近いかもしれないと思った。

咲ちゃんの目を借りてみると、いつも発見がある。友達になってよかった。彼女のことは大学に入ったばかりの頃から気になっていた。赤い刺繍のイニシャル入りのL.L. Beanの大きなトートバッグとか、何色も色違いで持っているコンバースのスニーカーとか、咲ちゃんが身につけているものはいつも目の端でチェックしていたけれど、仲良くなったのはつい最近の話だ。

アレクサ・チャンの『IT』を大学に持って来て、授業に入る前にぱらぱらめくっていたら、ペール・ピンクの布張りの表紙に気がついた咲ちゃんが、「すごい！それ『IT』の日本語版？」と聞いてきてくれたのだ。咲ちゃんは英語のオリジナル版を買ってがんばって読んだけれど、後から翻訳が出ると知って、悔しい思いをしたらしい。

話をして、二人ともアレクサ・チャンの大ファンだということが分かった。咲ちゃんはアレクサのファッション・センスだけではなく、音楽のセレクトも好きだという。ザ・スミスやデヴィッド・ボウイみたいな古い音楽が彼女の好みだ。私も『(500)日のサマー』や『ウォール・フラワー』のサントラで聞いたことがあるアーティストだったので、嬉しかった。そのうちアレクサが『IT』で紹介している映画を二人でレンタルして、全部観てみようという計画で盛り上がった。

それからは、ずっと仲良しだ。今までも友達はいて充分楽しかったけれど、咲ちゃんみたいに、こんな風にずっと一緒にいて飽きない女の子は初めてだった。

私たちはKITTEを出て、丸の内ビルディングと新丸の内ビルディングの間の通りを抜けてお壕の方に出て、橋を渡って和田倉噴水公園についた。公園の中央には三つの噴水が並んでいる。中央の噴水は他の二つよりも大きく、三つ並んで水を噴き上げるとティアラみたいなフォルムになる。水の王冠の向こうには、パレスホテルが見えた。

「三島由紀夫の『雨の中の噴水』という短編を読んで以来、ずっとこの公園に来ることを夢見ていたの」と咲ちゃんはうっとりつぶやいた。

新丸ビルに戻って、咲ちゃんは「デルフォニックス」で水色の表紙のLIFEノートを買った。

「もうすぐ二十歳の誕生日だから、新しいノートが必要なんだ」と言う。十五歳の時からの習慣で、ひとつ年齢が上がったら、その数だけTo Doリストをノートに書いて、ひとつずつ実行していくのだそうだ。二十歳になったら、二十のTo Doリストを作る。何だかすごく計画的！えらいんだねって言ったら、「やりたいことを書き出すだけ。基本的には楽しいことばかりだよ。でも最初は、自分の力だけでは叶わない壮大な夢とかも書いたりしていたから、実行出来ないことも多かった」と咲ちゃんは答えた。

「十九歳の To Do リストには、〝東京で本当の友達を作る〟って項目があったの」

それはギリギリで叶ったかな、と咲ちゃんは小さくつぶやいた。

私たちは丸の内仲通りに出て、高級ブティックのウィンドウを眺めながら、有楽町の方へと歩いて行った。有楽町の駅の近くで、いかにも咲ちゃんが好きそうな古いビルディングの中の喫茶店に入った。「ストーン」というそのお店の床は白と黒のタイル張りで、黒い皮ソファが置いてあって、昭和の香りがした。ちょっとアメリカのテレビドラマの『MADMEN』に出てきそうなお店だ。

私たちはそこで、アイスティーとフルーツ・サンドを頼んだ。パンに生クリームとバナナとパイナップルが挟んである。すごくおいしい。

「そういえば、ティアはフルーツ・サンドが好きで、私と同い年くらいの時は、仲のいい友達と東京のフルーツ・サンドの食べ比べをしたりしていたんだって」

と私が言うと、口元についたクリームをぬぐいながら、咲ちゃんが聞いた。

「舞子ちゃんと話していると、ちょいちょいその〝ティア〟って名前が出てくるんだけど、それって誰なの？」

私はしまった、と思った。

「〝ティア〟って、スペイン語で〝叔母さん〟って意味なの。うちの叔母さん、私のお洒落の先輩みたいな存在で、アレクサの本もプレゼントしてくれたのは彼女なんだけど、叔母さんとか本名で呼んでも、振り向いてもくれないの。イタリア語で〝タンタン〟って呼ばせている人もいるからって言うんだけど、痛いよね。でも今更やめられなくて」

咲ちゃんは仲良しの叔母さんがいるなんてうらやましいと言ってくれた。

「ティアは二十歳の夏休みに、友達と二人で葉山の一色海岸でピクニックをしたって言っていた。忘れられない思い出なんだって」

「でも、それって暑くない？」

「すごく暑くて、一時間もしない内に退散したって言っていた」

「でもうらやましいなあ、何か素敵。ビーチでピクニックか。私もやってみたい」

「本当に？　だったら今度、一緒に行く？」

私はドキドキした。いつもは咲ちゃんの行きたい場所リストから二人で行くところを選んでいたので、自分で提案して彼女を誘うのはこれが初めてだ。

咲ちゃんはトートバッグからペンケースとさっき買ったばかりのノートを取り出し、赤いスケルトンのペリカーノ・ジュニアの万年筆で、ノートの最初のページに「二十歳の To Do リスト」と書いて、その下に「その1．舞子と葉山の海岸でピクニックをする」と入れた。

あとがき

「オリーブ」という雑誌を語るのは正直、すごく面倒くさくて難しい。

読んでいる側の思い入れが強い雑誌で、愛読者だった人は誰もが「オリーブ」は自分のものだと信じているし、あまりに神格化されているせいで、当時読んでいなかった人や「オリーブ」を知らない若い世代から疎まれているところさえある。また、この本の中で何度か触れているように、読んでいる世代によって雑誌の印象が微妙に違う。九〇年代に十代で「オリーブ」を読んでいた人は、私とはまた違う物語があるはずだ。それを読んでみたいと心から思う。同世代でも、東京ではない地方都市に住んでいて「オリーブ」を読んでいた人の物語も知りたい。私が知っているのは、私自身のストーリーだけ。でも「最も個人的なことが、最も普遍的なこと」だと信じて、この本を書いた。

八〇年代から九〇年代にかけて、日本の少女文化の大事なマイルストーンとなった「オリーブ」という雑誌を読んでいた人や、他の雑誌の愛読者だった人、ファッション雑誌なんか読まない人にも響けばいいなと思う。どんな世代に属していても、私たちにはそれぞれに憧れが自分の胸に火をつけた若い日の思い出があり、それを大事なお守りのように今もどこかに持っている。「オリーブ」という雑誌が今、私が読んでいた頃の形のまま残っていたらいいのにとは思わない。雑誌は時代に合わせて移ろっていくものだ。でも、それを見る少女の気持ちだけは永遠に変わらない。戦前の日本の少女たちにとって、そういう雑誌は「少女の友」だっただろうし、別の国の女の子にとっては「セブンティーン」かもしれない。

この本を企画して、ウェブ連載を立ち上げてくれた河出書房新社の松尾亜紀子さんに心から感謝を。十代のときは「オリーブ」を読んでいなかったという彼女の感想は、連載を続け、本を作っていく中で何より参考になり、励みになりました。私に「オリーブ」で「東京プリンセス」を連載させてくれた当時の編集長の堀越和幸さん、担当だった芦谷富美子さんにも改めて御礼を申し上げます。本当にどうもありがとうございました。

この本に収録するために読み直した「東京プリンセス」は、若書きに思えて気恥ずかしく、直したいところも沢山あったけれど、この物語はもはや私のものではなくて、それを読んでいたファンのものなのだということに気がついて、手を入れないままにしてある。書き下ろした最後の「東京プリンセス　特別篇」に出てくる喫茶店のストーンは、フランスのビストロのメニューを模したプリントの食器を使っている。八〇年代に雑貨屋のキャトル・セゾンが作っていたシリーズ物で、私も中学時代、「オリーブ」で見かけたデミタス・カップを買って、大事に持っていたことを思い出した。

「オリーブ少女ライフ」初出
KAWADE WEB MAGAZINE　2013年11月〜2014年7月
※No9、11、12は書き下ろし

オリーブ少女《しょうじょ》ライフ

2014年10月20日　初版印刷
2014年10月30日　初版発行

著　者　山崎まどか

発行者　小野寺優
発行所　株式会社河出書房新社
〒151-0051　東京都渋谷区千駄ヶ谷2-32-2
電話　03-3404-1201（営業）
03-3404-8611（編集）
http://www.kawade.co.jp/

組　版　株式会社キャップス
印　刷　株式会社亨有堂印刷所
製　本　加藤製本株式会社

Printed in Japan　ISBN978-4-309-02331-1